SAMMLUNG GÖSCHEN BAND 70

Geschichte der Griechischen Literatur

Von

Dr. Wilhelm Nestle

Oberstudiendirektor i. R. am Karlsgymnasium in Stuttgart
Honorarprofessor an der Universität in Tübingen

I

Von den Anfängen bis auf Alexander d. Gr.

Zweite, verbesserte Auflage

Neudruck

Walter de Gruyter & Co.

vormals G. J. Göschen'sche Verlagshandlung · J. Guttentag, Verlagsbuchhandlung · Georg Reimer · Karl J. Trübner · Veit & Comp.

Berlin 1950

Archiv-Nr. 11 00 70
Druck von Walter de Gruyter & Co., Berlin W 35

Inhalt

Literaturnachweise

Die griechische Literatur besteht in erster Linie aus den in mittelalterlichen Handschriften überlieferten Werken der Dichter und Prosaschriftsteller. In diesen sind auch beträchtliche Reste verlorener Schriften als Zitate enthalten, die jetzt großenteils in besonderen Fragmentsammlungen herausgegeben sind. Dieser handschriftliche Bestand hat in den letzten Jahrzehnten eine erhebliche Vermehrung durch Papyrusfunde in Ägypten erfahren. Die beiden wichtigsten fortlaufenden Veröffentlichungen dieser neuen Funde sind: B. P. Grenfell and A. S. Hunt, The Oxyrhynchus-Papyri, Oxford 1898ff. und Berliner Klassikertexte, herausgegeben von der Generalverwaltung der Staatl. Museen zu Berlin, Berlin 1904ff.

Von größeren Werken über die griechische Literaturgeschichte sind zu nennen:

Wilhelm von Christs Geschichte der griechischen Literatur. Unter Mitwirkung von Otto Stählin, ord. Professor an der Universität Würzburg, bearbeitet von Wilhelm Schmid, ord. Professor an der Universität Tübingen. 3 Bände. 6. Auflage München 1920 in Iwan v. Müllers Handbuch der klassischen Altertumswissenschaft VII 1, VII 2, 1 und 2. (Hauptwerk.) Hiervon VII 1 jetzt ersetzt durch: Wilhelm Schmid, Geschichte der griechischen Literatur I 1 (1929). I 2 (1934). I 3 (1940). I 4 (1946).

Griechische Literatur von Erich Bethe und Paul Wendland in der Einleitung in die Altertumswissenschaft, herausgegeben von A. Gercke und E. Norden I. Band S. 131ff. 2. Aufl. Berlin und Leipzig 1912. 3. Aufl. (von E. Bethe und M. Pohlenz) 1924 S. 275ff.

U. v. Wilamowitz-Moellendorff, Die griechische Literatur des Altertums, in P. Hinnebergs Kultur der Gegenwart, Teil I Abt. VIII, 2. Aufl. Berlin und Leipzig 1907. 3. Aufl. 1912.

Th. Bergk, Griechische Literaturgeschichte. 4 Bde. Berlin 1872—1887 (ungleichmäßig und unvollständig).

K. O. Müller, Geschichte der griechischen Literatur bis auf das Zeitalter Alexanders. Breslau 1841. Vierte Auflage. Mit Anmerkungen und Zusätzen bearbeitet von E. Heitz, Professor an der Kaiser-Wilhelms-Universität Straßburg. 2 Bde. Stuttgart 1882—1884.

G. Bernhardy, Grundriß der griechischen Literatur. 2 Bde. Halle 1836 und 1845. I[5] besorgt von R. Volkmann 1892. II[3] 1880.

I. Geffcken, Griechische Literaturgeschichte. I mit Sonderband Anmerkungen. 1926. II. Text und Anmerkungen. Heidelberg 1934.

W. Kranz, Geschichte der griechischen Literatur. Leipzig 1940.

A. Körte, Die hellenistische Dichtung (Kröners Taschenausgaben 47). Leipzig 1925.

Von den einzelnen Gebieten griechischer Wissenschaft ist am gründlichsten bearbeitet die Geschichte der griechischen Philosophie in dem großen Werke von Eduard Zeller, Die Philosophie der Griechen (6 Bände, 7. Aufl. der ersten Abteilung bearbeitet von Dr. W. Nestle, Leipzig 1923) und in Friedrich Überwegs Grundriß der Geschichte der Philosophie, Erster Teil: Das Altertum, 12., vollständig neu bearbeitete Auflage, herausgegeben von Dr. Karl Prächter, Berlin 1926. Kürzere Zusammenfassungen: Eduard Zeller, Grundriß der Geschichte der griechischen Philosophie. In neuer Bearbeitung von W. Nestle. 13. Aufl. Leipzig 1928. W. Capelle, Die griechische Philosophie I (1922). II 1 (1926). II 2 (1934). Berlin-Leipzig. Slg. Göschen 857—859. W. Kranz, Die griechische Philosophie. Zugleich eine Einführung in die Philosophie überhaupt. Leipzig 1941.

Wilhelm Nestle, Vom Mythos zum Logos. Die Selbstentfaltung des griechischen Denkens von Homer bis auf die Sophistik und Sokrates. Stuttgart 1940. 2. Aufl. 1942.

Wilhelm Nestle, Die griechischen Philosophen. I. Die Vorsokratiker. 3. Aufl. 1929. II. Die Sokratiker (außer Platon und Aristoteles) 1922. III./IV. Die Nachsokratiker 1923 (Deutsche Auswahl mit Einleitungen). Jena, Eugen Diederichs.

Einleitung

„Zu allem Gewissen der Wissenschaft wie zu allem Schönen der Form ist in Griechenland der Grund gelegt worden.“ Mit diesen Worten hat Herder die weltgeschichtliche Bedeutung der griechischen Literatur und Kunst, die aufs innigste verschwistert sind, treffend gekennzeichnet. In Griechenland sind die bleibenden Grundformen der Dichtung geschaffen worden: das Epos und die Lyrik, die Tragödie und die Komödie. In Griechenland liegen die Wurzeln aller Wissenschaften, die nicht umsonst noch heute großenteils griechische Bezeichnungen tragen und mit griechischer Terminologie arbeiten. Hier erblühte, anfangs im engsten Bunde mit der Naturwissenschaft, die Philosophie, die Geschichtschreibung und Erdkunde sowie die Medizin. Daneben entwickelte sich die Redekunst, gefördert durch die politischen Einrichtungen, zur höchsten Vollendung. Und auf allen diesen Gebieten ist die griechische Literatur durchaus original. Denn wenn die Griechen schon in ihrer Kunst und Religion, wie ein Schüler Platons sagt, „was sie etwa von fremden Völkern übernahmen, zu noch schönerer Vollkommenheit ausgestalteten“, so zeigt sich ihre Literatur, wenigstens in ihrer schöpferischen Zeit, fast ganz frei von fremden Einflüssen. Redeten und schrieben sie doch auch in einer Sprache, die nur ganz wenige teils von den Urbewohnern des Landes übernommene, teils auf dem Wege des Handels mit dem Orient eingewanderte Fremd- oder vielmehr Lehnwörter kennt. Und die zahlreichen einheimischen Dialekte meisterten sie in einer Weise, daß jeder der vier verbreitetsten seinen dauernden Beitrag zu der Gesamtschöpfung der Nationalliteratur leisten mußte: Ionisch blieb von Homer an bis zum Ausgang der Antike die Sprache des Epos und außerdem der älteren Prosa, der Dialekt der musikalisch besonders begabten Dorer beherrschte neben dem Äolischen der lesbischen Melik die Lyrik, insonderheit das

Chorlied, in attischem Wohllaut aber strömt der dramatische Dialog dahin und Attisch reden die Philosophie, die Geschichtschreibung und die Rhetorik auf dem Höhepunkt ihrer Entwicklung, bis schließlich der hellenische Geist in der vom Attischen abstammenden, aber mit manchen andern, namentlich ionischen Bestandteilen versetzten Weltsprache, der sog. Koiné, sich das Organ zur Unterwerfung des makedonischen und römischen Weltreichs unter die von ihm erzeugte Kultur schuf.

Die zeitliche Gliederung der griechischen Literaturgeschichte ergibt sich unschwer aus dem Gesamtverlauf der Geschichte des griechischen Volkes. Der erste Zeitraum erstreckt sich bis zur Wende des 6. zum 5. Jahrhundert v. Chr., d. h. bis zum ionischen Aufstand und den Perserkriegen. Man kann ihn als das griechische Mittelalter bezeichnen, weil hier im wesentlichen die aristokratische Oberschicht die Trägerin der noch einheitlichen in Religion und Staatswesen, Kunst und Dichtung sich ausprägenden Volkskultur ist. Der Schwerpunkt der literarischen Tätigkeit liegt in den Kolonien, besonders im äolischen und ionischen Kleinasien, das erst allmählich das Mutterland in seine Kreise zieht. Von den Perserkriegen (d. h. etwa von 480 v. Chr.) an, in denen sich das aus einem Agrarstaat in eine Handel treibende Seemacht verwandelte Athen durch seinen Opfermut und seine Tatkraft die politische Vormachtstellung in Griechenland errang, beginnt die zweite, die attische Periode der griechischen Literatur und dauert bis zur Vernichtung der griechischen Polis durch Philipp und Alexander (323 v. Chr.). Damit tritt die griechische Kultur in ihre Neuzeit ein: neben die Betätigung in Religion, Kunst und Dichtung tritt jetzt, vorbereitet durch die großen ionischen Denker, die kritische Wissenschaft. Träger der Literatur werden nunmehr die in der Demokratie zur Herrschaft gelangten bürgerlichen Kreise, deren zurückgebliebene Unterschicht aber den Fortschritt des Denkens als einen feindlichen Gegensatz zur Sitte der Väter empfindet, worin die Gebrochenheit der Vollkultur, die beginnende Scheidung in Gebildete und Ungebildete, in die Erscheinung tritt. Im dritten Abschnitt, der mit den Diadochenreichen beginnenden Periode des Hellenismus, übernimmt nun vollends die Wissenschaft, d. h. die Philosophie und die in den Großstädten der hellenistischen Reiche, besonders Alexandria, sich mehr und mehr ausbildenden Einzelwissenschaften, die geistige Führung, ohne daß doch die dichterische Produktion ganz erlösche. Ihre Sprache ist teils die Koiné (s. o.), teils ein künstlich aufgefrischter Attizismus. So bleibt es auch in dem letzten, dem römischen Zeitraum, der sich von der endgültigen Unterwerfung Griechenlands (146 v. Chr.) bis zum Ausgang der Antike erstreckt. Das Ende kennzeichnet sich am besten durch die Schließung der platonischen Akademie in Athen durch Justinian im Jahre 529 n. Chr.

Aber auch dann ist der griechische Geist noch nicht tot. Er lebt fast noch ein Jahrtausend, freilich in erstarrten Formen, weiter im byzantinischen Reich, seiner Kunst und Literatur. Und auch im Westen hat die christliche Kirche vieles nicht nur von der Altersweisheit des Griechentums in ihr Dogma, sondern auch von den religiösen Vorstellungen des Volkes in ihren Kultus aufgenommen. Die ganze mittelalterliche kirchliche Wissenschaft aber, die Scholastik, beruhte auf Aristoteles. War dessen unbedingte Autorität, durch welche die kirchlichen Lehrsätze gestützt werden sollten, im Lauf der Zeiten zu einem Hemmschuh freier geistiger Entwicklung geworden, so war es im Zeitalter der Renaissance und des Humanismus wiederum der nun richtiger und tiefer erfaßte freie griechische Geist, der den Bann überlebter Autoritäten brechen half und eine neue Zeit zu wahrer Geistesfreiheit, zu neuen Kunstformen und neuen Erkenntnissen führte. Für uns Deutsche vollendete sich diese durch das Griechentum bewirkte geistige Wiedergeburt erst im 18. Jahrhundert, im Zeitalter unserer großen klassischen Dichter, eines Klopstock und Wieland, Lessing und Herder, Goethe und Schiller. Die Versenkung in die Werke der griechischen Literatur verhalf ihnen zur Befreiung von dem bis dahin herrschenden französischen Geschmack und spornte sie an, nicht sie äußerlich nachzuahmen, sondern sich in eigenen Neuschöpfungen mit ihnen zu messen. So bildet die griechische Literaturgeschichte ein Stück europäischer Kulturgeschichte, und ihre Meisterwerke haben sich nicht sowohl als eine drückende Norm, sondern vielmehr, und zwar gerade auch auf den Höhepunkten des deutschen Geisteslebens, immer wieder als ein befruchtender Same erwiesen.

I. Buch

Von den Anfängen bis zu den Perserkriegen

A. Die Dichtung

1. Das Epos

Vorhomerische Dichtung. Die griechische Literaturgeschichte beginnt für uns Heutige mit Homer. Aber das homerische Epos weist über sich selbst hinaus auf eine hinter ihm liegende Vergangenheit. Gedichte von so vollendeter Kunst wie die Ilias und Odyssee können unmöglich am Anfang einer Entwicklung stehen, sondern müssen schon den Höhepunkt epischer Dichtung darstellen; ja manches, wie die zahlreichen formelhaften Verse, weist schon auf eine beginnende Erstarrung der epischen Technik hin. Es finden sich aber auch ganz bestimmte Anhaltspunkte für eine dem Homer vorausliegende teils lyrische, teils epische Dichtung.

Schon in dieser Frühzeit verschönte der Gesang dem Hellenen das Leben: Freud und Leid, besonders auf den Höhepunkten des Lebens, strömte in das Lied aus; die wichtigsten Tätigkeiten wurden von ihm begleitet. Bei der Vermählung erklang das Hochzeitslied, der Hymenaios (*Σ* 493), und bei der Bestattung wurde der Trauergesang um den Verstorbenen, der Threnos, angestimmt, wobei die Frauen der Familie im Chor mit Klagerufen einfielen (*Ω* 721). An frohen Festen begleiteten den Tanz der Jünglinge und Jungfrauen Lied und Saitenspiel (*Σ* 604. *ϑ* 262), und im Kultus ertönten feierliche Hymnen auf die Götter, wie der dem Apollon, besonders nach siegreicher Schlacht, von den Kriegern gesungene Paian (A 473. χ 392). Auch Arbeitslieder gab es, wie das bei der Weinlese gesungene Linoslied (Σ 570); Hirten ziehen bei Flötenspiel auf die Weide (Σ 526), Kirke (κ 221) und Kalypso (ε 61) singen zum Weben; und ein einziges Mal wenigstens hören wir auch von einem Zauberliede (τ 457), dessen Kraft eine blutende Wunde stillt.

Aber nicht nur dies: es muß auch schon frühzeitig kleinere erzählende Gedichte mythischen und heroischen Inhalts gegeben haben. „Taten der Götter und Menschen" verherrlichen die Sänger (α 338), und selbst Achilleus singt in der Ilias zur Laute von den Ruhmestaten der Männer (*I* 186ff.). Die Argonautenfahrt nach dem goldenen Vlies ist allgemein bekannt (μ 70), und die lange Erzählung des Phoinix von der Belagerung der ätolischen Stadt Kalydon durch die Kureten (*I* 529ff.) sieht aus, als ob sie einer alten Meleagerdichtung entnommen wäre; ja vielleicht hat sogar der verhängnisvolle Groll dieses Helden dem Sänger des Liedes vom Zorn des Achilleus als Vorbild gedient. Wie solche alte Lieder die Taten der Götter erzählten, davon gibt uns am ehesten noch der fünfte Gesang der Ilias mit seiner archaischen Stilisierung der Götterwelt eine annähernde Vorstellung. Hier bedient sich Athene der unsichtbar machenden Hadeskappe (*E* 845), die der altgermanischen Tarnkappe entspricht; hier allein gibt es eine besondere Bezeichnung für das Blut der Götter, Ichor (*E* 340. 416), hier brüllt der verwundete Ares, dessen Riesengestalt (nach *Φ* 407) im Fall sieben Morgen bedeckt und dem „Furcht und Schrecken" die Rosse an den Streitwagen schirren (*Δ* 440. *O* 119) „wie 9000 oder 10000 Männer" (*E* 860), und hier nur hat die Götterkönigin den Namen Dione (*E* 370. 381), den sie auch in dem uralten Zeusheiligtum Dodona an der Seite ihres Gemahls führte. So ließen sich noch zahlreiche altertümliche Züge in den Göttervorstellungen anführen, die, über die homerischen Gedichte verstreut, aus älterer Zeit herstammen, darunter manche der stehenden Beiwörter wie Argeiphontes, Tritogeneia, Atrytone.

Wir werden uns diese alten Götter- und Heldenlieder als kürzere Dichtungen vorzustellen haben, etwa wie unser altdeutsches Hildebrandslied. Sie wurden von berufsmäßigen Sängern (ρ 383. ϑ 481) an den Höfen der Fürsten und Adeligen zur Unterhaltung beim Mahle in einer Art Sprechgesang, der vom Spiel der Laute (Phorminx) begleitet war, vorgetragen. Solche Sänger führt Homer selbst in Phemios, des Terpios Sohn, der im Palast des Odysseus singt (α 154. 337. ρ 263. χ 331), und Demodokos am Hof des Phaiakenkönigs (ϑ 44) ein, deren redende Namen durchsichtig sind. Nicht selten ergriffen Blinde, die zu andern Tätigkeiten nicht verwendbar waren, wie Demodokos (ϑ 63) und der Dichter des Hymnus auf den Delischen Apollon (v. 172), diesen Beruf. Eine Parallele dazu bietet sich bei den Serben, wo dies so gewöhnlich war, daß das Wort „slijepac“ (d. h. blind) geradezu den Stand der fahrenden Sänger bezeichnete. Manches scheint darauf hinzudeuten, daß es bei den Griechen schon in vorhomerischer Zeit eine sich von Geschlecht zu Geschlecht vererbende dichterische Technik gab, die sich des noch im Flusse befindlichen Sagenstoffs bemächtigte und ihn, vermutlich nicht selten aus dem Stegreif, zum Liede formte: eine Kunst, die der Sänger selbst auf göttliche Eingebung, auf die Muse, zurückführte (χ 347. ϑ 63. 499). Auch dazu bietet die Epik anderer Völker Analogien. Ganz ähnlich wie Phemios in der Odyssee erklärte ein kirgisischer Akyn (Sänger): „Ich kann überhaupt jedes Lied singen; denn Gott hat mir diese Gesangesgabe ins Herz gepflanzt. Er gibt mir das Wort auf die Zunge, ohne daß ich zu suchen habe. Ich habe keines meiner Lieder erlernt. Alles entquillt meinem Innern, aus mir heraus“[1]). Vielleicht nannte der griechische Sänger seine dichterische Technik „Kosmos“ (ϑ 489; doch vgl. 179) und die älteste Bezeichnung dieser Lieder ist Oime (eigentlich „Gang“: ϑ 74. 481. χ 347).

Diese ältesten, kurzen, zur Laute gesungenen Heldenlieder, eine Art Balladen, waren die Schöpfung des äolischen Stammes, der von Thessalien aus den nördlichsten Teil der Westküste Kleinasiens und die ihr vorgelagerten Inseln besiedelt hatte. Seine Sprache hat auch im homerischen Epos

---

[1]) W. Radloff, Die Sprachen der nördlichen türkischen Stämme (Petersburg 1885) I 5 S. XVII.

noch Spuren hinterlassen. Über die Form dieser Lieder wissen wir nichts; doch ist es wahrscheinlich, daß auch der epische Langvers, der Hexameter, selbst „Epos“ genannt, eine kürzere Vorstufe hatte, und die besondere Beliebtheit der Zäsur „nach dem dritten Trochäus“ (–⏑⏑–⏑⏑–⏑ | ⏑–⏑⏓–⏑⏑–⏑) legt die Vermutung nahe, daß er aus einem kleineren, tripodischen Verse entstanden und erweitert ist. Der Schritt vom Heldenlied zum Epos und vom musikalischen Vortrag des Äöden zur Rezitation des Rhapsoden aber wurde nicht in Äolien, sondern in Ionien getan.

Das homerische Epos. Das ionische Epos knüpft sich an den Namen Homers. Infolge der großen Völkerverschiebung auf der Balkanhalbinsel, der sog. dorischen Wanderung, hatten sich im mittleren Teil der Westküste Kleinasiens zahlreiche ionische Kolonien zwischen die nord- und südäolischen Ansiedlungen eingeschoben, in denen sich gemäß der außerordentlichen Beweglichkeit des ionischen Geistes bald ein reges Leben entfaltete. Die älteste für uns sichtbare Blüte des ionischen Geisteslebens ist das homerische Epos. Es ist ritterliche Dichtung, für die Kreise des ionischen Adels berechnet, dessen Stammesheroen darin in ihren Großtaten gefeiert werden. Die Stoffe, wie der in der „homerischen“ Thebais (s. S. 22. 26) behandelte Sagenkreis der Labdakiden, sind teils aus dem Mutterland mit herübergewandert, teils sind sie aus Erinnerungen an Kämpfe früherer Geschlechter um den Besitz des kleinasiatischen Küstenlandes geschöpft. Unter diesen erfreute sich besonderer Beliebtheit der troische Sagenkreis, der sich um die Eroberung der in der Skamanderebene gelegenen alten Burg Troja oder Ilios wob und in dem sich die Geschicke des äolischen Helden Achilleus mit den Taten des alten Herrscherhauses von Mykenä, der Atriden, verknüpften. Auf der Seite der Gegner finden sich einige wenige nichtgriechische Namen, wie der der Stadt Troja selbst, ihrer Burg Pergamos, ihres Königs Priamos und seines Sohnes Paris, dem dann auch der griechische Name Alexandros beigelegt wird. Andere, wie Hektor, Andromache, Astyanax, erweisen sich als redende Namen und damit höchstwahrscheinlich als dichterische Erfindung. Manche der uns im Epos entgegentretenden Helden und Heldenfrauen mögen aus ursprünglich göttlicher Sphäre in die heroische herabgesunken sein, ohne daß dies jedoch dem Dichter noch irgend bewußt wäre. Am deutlichsten ist dies bei Helena, der Tochter des Zeus und der Leda und Schwester der Dioskuren, die in Sparta einen Kult hatte und ihre göttliche Macht noch den Dichter Stesichoros fühlen ließ. Auch Achilleus, dessen Name offenbar mit dem des Flußgottes Acheloos verwandt ist, der nach außerhomerischer Sage unverwundbar ist wie der germanische Siegfried und nach seinem Tode von Thetis nach der Insel Leuke entrückt, dort einen Kult genießt, wird ursprünglich göttlichen Charakter gehabt haben. Wahrscheinlich ist dies auch bei Agamemnon, der in Sparta als „Zeus Agamemnon" verehrt wurde. Wie im deutschen Nibelungenlied die Walküre Brünhilde und der dem Gotte Baldur ähnelnde Siegfried neben geschichtlichen Gestalten, wie dem Burgunderkönig Gunther und dem Hunnenfürsten Etzel, stehen, so werden wir auch für das ionische Epos eine Vermischung historischer und mythischer Bestandteile annehmen dürfen. Eine der merkwürdigsten Gestalten ist Odysseus (ursprüngliche Namensform: Ulixes). War er anfänglich ein Sonnengott oder ein dämonisches Wesen oder gar ein geschichtlicher König der Kephallenen, der dann zum Märchenhelden wurde, ähnlich wie Herzog Ernst von Schwaben im deutschen Volksbuche? Jedenfalls scheint er der heroischen Sphäre nicht von Haus aus angehört zu haben.

Ilias und Odyssee. Von den älteren epischen Dichtungen der Ionier sind uns nur zwei vollständig erhalten, d. h. so, wie sie das spätere Altertum las: die Ilias und die Odyssee. Dies ist kein Zufall, sondern diese Gedichte galten als die vorzüglichsten unter allen, und als der Verfasser beider wurde von der herrschenden Meinung alter und neuer Zeit Homer betrachtet.

Die Ilias erzählt nicht die Eroberung von Ilios, sondern der Dichter hat sich mit vollem Bewußtsein die Aufgabe gestellt, nur eine ganz bestimmte Episode aus dem zehnten Kriegsjahr zu behandeln: den Zorn des Achilleus und seine verderblichen Folgen. Trotz der bunten Fülle von Gestalten, die vor unser bewunderndes Auge treten, trotz der mannigfaltigen, die Aufmerksamkeit immer neu erregenden Wechselfälle des Kampfes wird dieses Thema nie aus den Augen verloren. Von Agamemnon durch die Wegführung der ihm als Kriegsbeute zugeteilten Briseis gekränkt, zieht sich Achilleus mit seinen Myrmidonen vom Kampfe zurück und erbittet durch seine Mutter Thetis von Zeus solange die Niederlage der Achäer, bis er Genugtuung erlangt habe. Auch eine an ihn abgeschickte Gesandtschaft der ersten Helden, die ihm die Anerbietungen Agamemnons übermittelt, findet ihn unerbittlich. Ein persönliches Motiv ließ ihn aus dem Kampf ausscheiden und nur ein solches kann ihn auch wieder zur Teilnahme daran bestimmen: der Tod seines Freundes Patroklos, dem er statt seiner in den Kampf zu ziehen gestattet hatte, als die Troer drauf und dran waren, unter Hektors Führung das achäische Schiffslager zu erobern. Nun treibt ihn der leidenschaftliche Wunsch, den Freund zu rächen, zur Versöhnung mit Agamemnon und zum Wiedereintritt in die Reihen der Kämpfer. Hektor fällt im Zweikampf von seiner Hand. Die Leichenspiele zu Ehren des Patroklos und die Auslösung des Leichnams Hektors an Priamos bilden den versöhnlichen Abschluß des Gedichts in seiner jetzigen Form. Obwohl die Handlung nur 51 Tage umfaßt und bloß zwei Schlachttage geschildert sind, zeigt sich die dichterische Phantasie unerschöpflich in der Mannigfaltigkeit plastischer Gestalten, scharf umrissener Charaktere und bald wildbewegter, bald ruhevoller und fast idyllischer Szenen, die sich teils unter den sterblichen Menschen, teils unter den Göttern auf dem Olymp oder Ida oder in den Tiefen des Meeres abspielen. Alle Saiten von Haß und Liebe, Freude und Trauer, wildem Schmerz und sanfter Klage weiß der Dichter anzuschlagen und bald mit tiefsinnigen Gedanken uns zu erheben, bald mit schalkhaftem Humor über die Not des Krieges und das Leid des Lebens hinwegzutäuschen. Die größte Meisterschaft aber zeigt er in der allmählichen Umstimmung des Achilleus im letzten Drittel des Epos, und die Szene zwischen Priamos und Achilleus gehört zu dem

Tiefsten und Gewaltigsten, was die Weltliteratur hervorgebracht hat.

Wesentlich verschieden von der Ilias in der ganzen Anlage im Schauplatz der Handlung, im Charakter des Haupthelden und im ganzen Ton der Erzählung ist **die Odyssee.** Verläuft in der Ilias die Handlung Schritt für Schritt, so finden wir hier eine kunstvoll verschlungene Komposition, insofern der Dichter den Odysseus die von der Abfahrt von Troja bis zur Ankunft auf Ogygia erlebten Abenteuer den lauschenden Phaiaken selbst erzählen läßt und erst im 13. Gesang seinerseits die Erzählung wieder aufnimmt und bis zur Rache an den die Penelope umwerbenden Freiern fortführt. Dazu tritt noch eine zweite Handlung, die Ausfahrt des Telemachos auf Kunde von seinem Vater, die erst im zweiten Teil des Epos in den Strom der Haupterzählung mündet. Und auch in dieser sind wieder zwei Motive zu einer Einheit verbunden: das des auf der Heimfahrt in ferne Meere verschlagenen Helden und das des heimkehrenden Gatten, der noch im letzten Augenblick die erzwungene Verheiratung der treuen Frau mit einem andern verhindert. Bildet in der Ilias die Küstenebene der Troas den Schauplatz der Handlung, so ist dieser hier bald das felsige Ithaka, bald das weite Meer, dessen dem Seefahrer noch bekannte Küsten vom Vorgebirge Maleia an sich in eine nicht mehr lokalisierbare Märchenwelt verlieren, bis der Held im äußersten Westen gar an die Pforte des Hades gelangt. Ist es in der Ilias der starke Arm des schnellfüßigen Aiakiden, der den endlichen Sieg davonträgt, so ist es in der Odyssee vor allem die nie versagende Klugheit des vielgewandten Ithakesiers, die ihn aus allen Gefahren rettet. Dort herrscht das tragische Pathos heroischer Geschicke vor, hier haben wir es großenteils mit Schiffermärchen, mit ungefügen Unholden und berückenden Nymphen zu tun. In der Ilias tritt uns das heroische Königtum noch im vollen Glanze seiner Macht entgegen, in der Odyssee sehen wir es erschüttert, und das Treiben der Freier nimmt sich wie ein satirisches Zerrbild der gesunkenen Aristokratie aus. Dafür nehmen die unteren Volksschichten, die in der Ilias nur in Thersites einen verächtlichen Vertreter stellen, hier einen breiteren Raum ein: auch die Mühseligen und Beladenen, ein Eumaios und eine Eurykleia, sind mit Liebe gezeichnet und nicht minder lebensvoll ihre niedrigen Gegenbilder, der freche Ziegenhirt und die gemeine Magd oder der Bettler Iros. Selbst der treue Hund, der sterbend den heimkehrenden Herrn wiedererkennt, ist nicht vergessen. Mit einem Ausdruck der antiken Ästhetik kann man diesen Realismus der Darstellung als biotischen Stil bezeichnen. Auch das Verhältnis zur umgebenden Natur hat sich verändert: in der Ilias finden wir kaum einige dürftige Ansätze zur Landschaftsschilderung; die Odysseelandschaften, die der Dichter in bunter Pracht vor uns ausbreitet und die weder reine Märchenlandschaften sind, noch Anspruch auf genaue Wiedergabe bestimmter Örtlichkeiten erheben, sondern das typische Bild der reich gegliederten griechischen Küsten- und Inselwelt wiedergeben, haben einen Friedrich Preller zur malerischen Darstellung gelockt. Schon regt sich auch das geographisch-ethnologische Interesse, das weiterhin zu den Anfängen der Erd- und Völkerkunde führen sollte, und die kolonisatorische Tätigkeit spiegelt sich im Lied, wenn wir den Seefahrer vor herrenlosem Lande stehen und seine Urbarmachung überlegen sehen (ι 116ff.).

Homerische Sprache und Stil. Die Sprache des homerischen Epos ist kein einheitlicher Dialekt und ist so, wie sie vorliegt, niemals gesprochen worden. Es ist eine Kunstsprache, die in ihren zahlreichen dichterischen Wortbildungen ein sprachschöpferisches Genie ahnen läßt. Andererseits mußte sie, um verstanden zu werden, aus wirklich gesprochenen Dialekten schöpfen, und zwar sind diese der ionische und äolische, wobei der erstere überwiegt. Auch der Zwang des Versmaßes mag dazu mitgewirkt haben, daß verschiedene Nominal- und Verbalformen (z. B. kontrahierte und unkontrahierte, unterschiedliche Kasus-, Personal-, Infinitivendungen) nebeneinander gebraucht werden. In der Satzbildung herrscht noch die Koordination über die Subordination vor. Kasus und Modi sind vielfach in ihren Grundfunktionen deutlich erkennbar. Im Wortbestand gibt es zahlreiche alte Wörter, die man in geschichtlicher Zeit nicht mehr verstand; andererseits fehlen Ausdrücke, die später ganz geläufig sind, z. B. nomos, das nur α 3 stand, und logos (O 393. α 56).

Wie die Sprache, so ist auch der Stil in beiden Gedichten im wesentlichen derselbe. Das Bezeichnendste ist, daß der Dichter ganz hinter seiner Erzählung zurücktritt, die er in größter Anschaulichkeit und behaglicher Breite vorträgt. Auch wörtliche Wiederholungen werden, namentlich bei der Übermittlung von Aufträgen oder Schilderung schon erzählter Ereignisse vor dritten Personen, nicht gescheut. Alltägliche Vorgänge, wie Sonnenauf- und -untergang, Essen und Trinken, Fragen und Antworten, werden in stehende Formeln gefaßt. Auch Götter und Helden haben ihre ständigen Beiwörter, worin nur geringe Abwechslung herrscht. Zuweilen sieht der Dichter die Person, von der er erzählt, so unmittelbar vor sich, daß er statt der dritten Person sich der Form der Apostrophe bedient und sie direkt anredet. Will er von einem Gegenstand eine besonders lebhafte Vorstellung in dem Zuhörer erwecken, so läßt er ihn, wie z. B. den Schild des Achilleus, Teil um Teil vor seinen Augen entstehen, statt ihn als Ganzes zu beschreiben. Spannung im gewöhnlichen Sinn zu erregen, liegt dem homerischen Dichter so ferne, daß er nicht selten den Ausgang eines Ereignisses, das er zu erzählen beginnt, im Anfang vorwegnimmt. Ein Hauptmittel des homerischen Stils zur Veranschaulichung äußerer und innerer Vorgänge sind die zahlreichen Gleichnisse, die eine außerordentlich feine und liebevolle Naturbeobachtung verraten und in denen uns die Umwelt des Dichters in scharf gezeichneten kleinen Bildern entgegentritt. Kommt es dem Dichter dabei auch nur auf einen einzigen Zug an, so läßt er es sich doch nicht nehmen, die ganze ihm vorschwebende Szene auszumalen. Ihr Gebrauch ist übrigens in der Ilias viel häufiger als in der Odyssee und steht in beiden Gedichten im Verhältnis von 4 : 1. Der den Griechen bei allem Idealismus ihrer Kunstformen eigene starke Wirklichkeitssinn scheut bei Homer auch vor dem Häßlichen (*δ* 300) und Gräßlichen (*Π* 441) nicht zurück. Die Menschen (und die Götter) charakterisiert der Dichter nicht unmittelbar, sondern mittelbar durch ihre Handlungen und ihre Reden. Diese nehmen einen so breiten Raum ein und sind so dramatisch gestaltet, daß Homer auch als der größte Meister des Dialogs erscheint. Man hat viel von homerischer Naivität gesprochen, und diese eignet auch dem homerischen Erzählungsstil, insofern nichts Natürliches versteckt oder bemäntelt wird und die homerischen Menschen ihren Gefühlen ganz ungehemmt den Lauf lassen. Dabei darf aber nicht übersehen werden, daß auch die Reflexion über Welt und Leben schon eine beachtenswerte Höhe erreicht hat.

Homerische Kultur. Homer schildert mit Bewußtsein eine weit zurückliegende Zeit, was in Formeln wie der mehrfach wiederkehrenden „wie die Menschen jetzt sind“ zum Ausdruck kommt. Diese Vergangenheit ist die Zeit vor der Wanderung, da die Achäer im Peloponnes herrschten: die Zeit der kretisch-mykenischen Kultur. Ihr gehört die sechste Schicht des von Schliemann bloßgelegten Burghügels von Hissarlik an, nicht, wie der Entdecker geglaubt hatte, die zweite, in der er den vermeintlichen „Schatz des Priamos“ fand: ihr gehört die Burg von Mykenä an, wo Schliemann in einem Schachtgrab jenen goldenen mit zwei Tauben verzierten Becher fand, der mit der Beschreibung des Nestorbechers (*Λ* 632ff.) genau übereinstimmt. Auf sie weist die Ornamentik des Achilleusschildes, die Abhängigkeit von ägyptischer Kunst verrät und in deren Schilderung (*Σ* 591) sogar auf Kreta hingedeutet wird. Diesem Zeitalter entstammt auch die Burg von Tiryns, deren Anlage und künstlerische Ausschmückung teils dem Palast des Odysseus auf Ithaka, teils, nur in märchenhafte Pracht gesteigert, dem des Phaiakenkönigs Alkinoos entspricht. Anderes freilich, wie die goldenen Gesichtsmasken der Toten, die sich im „goldreichen“ Mykenä fanden, erwähnt das Epos nicht und ebensowenig die großen, dem Seelenkult dienenden Grabgewölbe. Doch ist die bewußte Archaisierung der Schilderung nicht ausnahmslos durchgeführt: manchmal sieht man die eigene Zeit des Dichters in die Heroenzeit hineinragen. So weist die Schilderung des Panzers des Agamemnon (*Λ* 19ff.) ins 8. Jahrhundert. Ebenso ist es ein Anachronismus, wenn an verschiedenen Stellen der Ilias und Odyssee Tempel und in einem Gesang (Ż 92, 273, 303) sogar ein Götterbild erwähnt werden. Daß die Schrift in der Zeit der kretisch-mykenischen Kultur schon im Gebrauch war, wissen wir jetzt aus den kretischen Funden. Daß sie also Homer kannte, ist heute selbstverständlich; seinen Helden aber leiht er sie nicht, außer, die primitive Form der Schriftzeichen andeutend, bei dem Uriasbrief, den Proitos dem Bellerophon mitgibt (Z 16). Dagegen ist bei der Bezeichnung der Lose, durch die der Gegner des Hektor im Zweikampf bestimmt werden soll (H 154), schwerlich an wirkliche Schrift zu denken.

Homerische Religion. Auch von der primitiven Religion jener alten Zeit finden sich nur noch schwache Nachklänge. In Beiwörtern wie „eulenäugig“ und „kuhäugig“ steckt noch ein Überbleibsel der überwundenen Religionsstufe, auf der die Götter in Tiergestalt verehrt wurden und die auch durch die Auffindung zahlreicher tönerner Kuhidole in Mykenä bezeugt wird. Von dem Totenkult und dem ihm zugrunde liegenden Seelenglauben der vorgeschichtlichen Zeit finden sich gleichfalls nur noch vereinzelte Reste: so vor allem das Totenopfer, das Achilleus dem Patroklos darbringt (Ψ 166ff.) und das des Odysseus im Eingang des Hades (λ 23ff.) oder die Zurückhaltung der Schiffe des Odysseus durch die Seelen der von den Kikonen getöteten Gefährten, bis diese zur Mitfahrt eingeladen werden (ι 63f.). Auch erinnert es noch an die uralte Vorstellung vom Seelenvogel, wenn den Seelen der Abgeschiedenen ein „zwitschernder Laut" zugeschrieben wird (ψ 101, ω 5). Abgesehen von diesen wenigen Andeutungen animistischer Vorstellungen, die übrigens in der Masse des Volkes noch lange fortlebten, sind bei Homer „die kraftlosen Häupter der Toten" in den Hades gebannt. Das Leben im Licht ist frei von ihrer Einwirkung, was vielleicht mit der an die Stelle des Begräbnisses getretenen Sitte der Verbrennung zusammenhängt. Der homerische Mensch kennt keine Dämonen- und Gespensterfurcht und, eine einzige Stelle (s. S. 11) ausgenommen, auch keinen Zauber. Wie das ganze Epos, so trägt auch die homerische Religion einen aristokratischen Charakter. Die der Klasse des ackerbautreibenden Volkes wichtigsten Gottheiten fehlen im homerischen Pantheon so gut wie ganz: Ge und Demeter werden nie erwähnt und Dionysos erscheint nur einmal (Z 132), sichtlich als ein Fremdling. Der Handwerkergott Hephaistos ist zwar unter die Olympier aufgenommen, aber er spielt hier eine komische Rolle, und die schlechte Behandlung, die ihm zuteil wird (A 590ff. Σ 364ff.), kennzeichnet den Lemnischen Lokalgott noch deutlich als Eindringling. Auch der anderwärts hochverehrte Heilgott Asklepios ist bei Homer nur „der untadelige Arzt" (Δ 164). Die „leicht lebenden" olympischen Götter aber mit ihrem Oberhaupte Zeus sind das Abbild der adeligen ionischen Gesellschaft. Es sind, wie Aristoteles (Met. II 2. 997 b 11) sagt, „ewige Menschen". Wie diese sind sie von allerlei Leidenschaften beherrscht, ergreifen im Kampf für ihre Lieblinge Partei und verschmähen, um den Gegner zu fällen, auch schnöden Betrug nicht. Nur die sie alle beherrschende Moira, in deren Walten eine erste Ahnung der unverbrüchlichen Gesetzmäßigkeit alles Geschehens aufblitzt, setzt ihrer Willkür eine Schranke. Sie wohnen auf den schneebedeckten Gipfeln des Olympos (A 420, Σ 156), über den erst die Odyssee (ζ 42ff.) den Sonnenglanz eines ewigen Frühlings, wie im elysischen Gefilde (ϑ 563ff.), ausbreitet. Aber trotz aller Hoheit und Majestät, die der Dichter namentlich seinem Zeus zu verleihen weiß, dessen Nicken den Olymp erzittern macht und dessen Schilderung noch Jahrhunderte später einen Pheidias zu seinem weltberühmten Meisterwerk begeisterte, sind die Götter für Homer doch weniger Gegenstand andächtiger Verehrung als Erzeugnis künstlerischer Phantasie, und in Szenen wie dem Göttermahl am Ende des ersten Gesanges der Ilias, in der Geschichte von der Täuschung des Zeus durch Hera, wo die heilige Hochzeit des Götterpaares in ein idyllisches Liebeskosen verwandelt wird (Ξ), oder gar in dem frivolen Lied des Demodokos von der ehebrecherischen Liebe des Ares und der Aphrodite (ϑ 266ff.) geht das Epos zur Travestie der Göttervorstellungen über, und wir stehen vor den Anfängen einer Götterburleske, wie wir sie später in der Komödie wiederfinden. Auch noch andere Erscheinungen, wie leiser Zweifel an der Mantik (M 237ff.), die Frage nach dem Ursprung des Übels (α 32ff.) und neben aller Freude an dem schönen, aber so flüchtigen Leben im Licht eine tiefe Empfindung für die Not und Hinfälligkeit des menschlichen Wesens, die mitunter geradezu pessimistische Töne anschlägt (P 446f. Ω 525ff. o 244ff.), deuten darauf hin, wieweit die homerische Religion trotz ihres Anthropomorphismus sich über den dumpfen Glauben der Menge erhebt und daß sich in den homerischen Gesängen schon der erste Morgenhauch ionischer Aufklärung ankündigt.

Vortrag und Wirkung des homerischen Epos. Die homerischen Gedichte wurden durch Rhapsoden, fahrende Rezitatoren, die einen Stab als Abzeichen trugen, vorgetragen, anfangs wohl in den Palästen des Adels, später an den öffentlichen Festen vor versammeltem Volk (Herod. VI 64). Solon oder Peisistratos richtete diese Homervorträge bei den Panathenäen ein. Selbstverständlich konnten immer nur einzelne Abschnitte („Rhapsodien") aus den großen Epen vorgetragen werden. Überschriften solcher Abschnitte, die sich mit unserer erst von dem alexandrinischen Grammatiker Zenodotos stammenden Einteilung in je 24 Gesänge nicht ganz decken, sind uns erhalten (Ael. V. H. XIII 12). Das jetzige Proömium der Odyssee war vermutlich die Einleitung zu einem Vortrag der Abenteuer bei Kirke und auf Thrinakia. Schon sehr frühe wurde Homer Schulbuch, und noch im 5. Jahrhundert gab es Leute, die von ihrer Knabenzeit her die ganze Ilias und Odyssee auswendig wußten (Xen. Symp. 3, 5). Homer wurde für die Griechen „der Dichter" schlechthin. Aus ihm lernte der einfache Mann seine Lebensweisheit und an seiner Kunst bildeten sich Dichter und Redner. Man kann seine Werke die griechische Bibel nennen, und Platon (Staat 606 E) bezeugt es, daß er der Erzieher Griechenlands gewesen ist.

Die Person Homers. Die homerischen Gesänge sind nicht das Werk des „dichtenden Volksgeists". Volksdichtung ist die homerische Poesie nur insofern, als sie das geistige Eigentum des ganzen griechischen Volkes werden konnte, dessen größter dichterischer Genius das Epos auf diese Höhe hob. Aber trotz der sieben Lebensbeschreibungen Homers, die sämtlich erst der römischen Kaiserzeit angehören, wissen wir von der Person Homers fast nichts. Daß ihn die Alten sich als blinden Greis vorstellten, wie ihn die hellenistischen Idealbüsten zeigen, beruht auf einer Stelle des ihm zugeschriebenen Hymnus auf den Delischen Apollon (v. 172). Alte und einigermaßen zuverlässige Überlieferung scheint es zu sein, daß Homer in Smyrna geboren ist und auf der Insel Chios tätig war, wo es noch später eine Sängerschule gab, die „Homeriden" (Pind. Nem. 2, 1), die sein Werk bewahrten, verbreiteten und fortführten. Mit der Tatsache, daß das äolische Smyrna im 8. Jahrhundert ionisch wurde, stimmt der Bestand der homerischen Kunstsprache überein. Auch gewisse Ortskenntnisse (wie B 459ff.) weisen auf die mittlere Küste Kleinasiens, einige Stellen (ψ 227, Ω 13) auf eine ihr vorgelagerte Insel. Die Lebenszeit Homers kannten schon die Alten nicht mehr. Herodot (II 53) setzte ihn höchstens 400 Jahre vor seine Zeit, Theopomp 500 Jahre nach Trojas Fall, also in den Anfang des 7. Jahrhunderts. Die ältesten Erwähnungen Homers bei Kallinos und Archilochos machen es wahrscheinlich, daß mindestens die Ilias um 700 im wesentlichen fertig vorlag.

Die homerische Frage. Diese drehte sich im Altertum zunächst um die Grenze der Verfasserschaft Homers innerhalb des ionischen Epos. Denn es galten keineswegs von jeher nur die Ilias und Odyssee als Dichtungen Homers, sondern es wurden ihm großenteils auch die später sog. „kyklischen Epen" (s. S. 26f.) zugeschrieben. Kallinos (bei Paus. IX 9, 5) nennt ihn als Dichter der Thebais, Archilochos und selbst noch Aristoteles schreibt ihm das komische Epos Margites zu, Pindar (bei Älian V. H. IX 15) die Kypria, Thukydides (III 104) den Hymnus auf den Delischen Apollon. Bei Herodot, der offenbar auch die Thebais als homerisch anerkennt (V 67), tauchen die ersten Zweifel an der homerischen Herkunft der Kypria (II 117) und der Epigonoi (IV 32) auf, die bei dem ersten Gedicht auf sachliche Widersprüche mit Angaben der Ilias gegründet werden. Erst im 4. Jahrhundert wird Homer, vorwiegend aus ästhetischen Gründen, auf die Ilias und Odyssee beschränkt. Unter den alexandrinischen Kritikern sprachen ihm Xenon und Hellanikos sogar die Odyssee ab und wurden daher die „Chorizonten", d. h. die Trennenden, genannt. Gegen sie wandte sich Aristarch in einer besonderen Schrift. Aber auch die von diesem ausgehende konservative Kritik verwarf außer zahlreichen einzelnen Versen in der Ilias die Dolonie (K) und in der Odyssee den Schluß (von ψ 297 an). Endlich hören wir noch von Interpolationen, die der am Hofe des Peisistratos lebende Onomakritos zugunsten Athens vorgenommen haben soll, und von einer angeblichen

Sammlung der „Epen Homers" durch den genannten Herrscher, die vorher zerstreut gewesen sein sollen (Cic. de or. III 34,137, Jos. gg. Ap. I 2, Paus. VII 26, 13, Äl. V. H. XIII 13). Schon im Ausgang des 6. Jahrhunderts finden wir in Theagenes von Rhegion den ersten Homererklärer, und zwar unterwarf er, namentlich veranlaßt durch den Götterkampf in Y, die Gedichte einer allegorischen Deutung, die später die pergamenischen Grammatiker und die kynisch-stoische Philosophie wieder aufnahmen, während die Alexandriner die rein sachliche Erklärung festhielten.

In der Neuzeit brachte Fr. A. Wolf durch seine „Prolegomena ad Homerum" (1795) die Frage in Fluß, dem aber in Frankreich schon der wenig beachtete Abbé François Hedelin d'Aubignac (1604—1646) vorangegangen war, dessen „Conjectures académiques ou dissertation sur l'Iliade" 1715 erschienen waren. Wolf stützte sich teils auf die unleugbar vorhandenen Widersprüche zwischen den verschiedenen Gesängen der Ilias, teils auf die Annahme, daß zur Zeit der Entstehung der homerischen Gedichte die Schrift noch nicht bekannt gewesen, ohne sie aber die Ausbreitung und Überlieferung so umfangreicher Epen undenkbar sei. Auch habe die Sitte nur den Vortrag kürzerer Lieder gekannt. Immerhin ließ Wolf einen Dichter Homer am Anfang der Entwicklung bestehen, benutzte aber die Nachrichten von der Peisistrateischen Redaktion zur Erklärung des jetzigen Bestands des Epos. Sein Lehrer Chr. G Heyne, dem die erste sorgfältige Analyse der Ilias verdankt wird, stellte umgekehrt Homer als Redaktor des Ganzen an das Ende. K. Lachmann ließ dann, ausgehend von seiner Kritik des Nibelungenlieds und von der Vorstellung der Romantik vom „dichtenden Volksgeist", die Ilias aus 16 ursprünglich selbständigen Liedern entstehen (Betrachtungen über Homers Ilias, 1837), so daß die Annahme eines persönlichen Homer vollständig überflüssig zu werden schien. Ungefähr gleichzeitig suchte G. Hermann seine Erweiterungstheorie zu begründen, der für beide Gedichte einen ersten Kern, eine Achilleis und einen Nostos, annahm, der durch immer zahlreichere Eindichtungen auf den jetzigen Umfang angewachsen sein sollte. Die Kritik der Odyssee förderte besonders A. Kirchhoff, der sich dieses Epos als eine Kompilation mehrerer kleinerer Gedichte (Nostos, Telemachie, Freiermord) dachte und, gestützt auf nicht zu leugnende Unebenheiten, eine Umsetzung des sog. Apologs, der Ich-Erzählung des Odysseus, aus der dritten in die erste Person annahm. Die Kirchhoffsche Kritik führten U. v. Wilamowitz-Moellendorff in seinen „Homerischen Untersuchungen" (1884) und „Die Heimkehr des Odysseus (1927) sowie O. Seeck (Die Quellen der Odyssee 1887) in eigenartiger

Weise weiter. Ersterer nahm auch zur Kritik der Ilias Stellung in „Die Ilias und Homer" (1916) und E. Bethe behandelte die gesamte Homerkritik in seinem „Homer" I (Ilias 1914). II (Odyssee-Kyklos 1922). III (Die Sage vom Troischen Krieg 1917). Im Gegensatz zu dieser kritischen Richtung traten andere Forscher, wie K. Lehrs, F. G. Welcker, K. O. Müller, für die Einheit der Gedichte ein. Es muß zugestanden werden, daß die mehr als hundertjährige Auseinandersetzung über die homerische Frage zu sicheren und allgemein anerkannten Ergebnissen nicht geführt hat. Weder die Sprachforschung, die einen äolischen Urhomer zu rekonstruieren suchte (A. Fick), noch die archäologische und kulturgeschichtliche Forschung, die Tracht, Bewaffnung, Begräbnissitten, Hochzeitsgebräuche, Wohnformen und Götterverehrung untersuchte, war imstande, das Problem in überzeugender Weise zu lösen; freilich gelang es ebensowenig der sich besonders auf den Vergleich der Volksepik der verschiedensten Stämme und Völker berufenden, namentlich von E. Drerup in seiner „Homerischen Poetik" (1921) wieder vertretenen Ansicht von Homer als dem Verfasser der gesamten Ilias und Odyssee, die hiegegen in alter und neuer Zeit ins Feld geführten Gründe genügend zu widerlegen.

Die größte Wahrscheinlichkeit hat auch heute noch die Erweiterungshypothese für sich, auf deren Durchführung im einzelnen hier jedoch nicht eingegangen werden kann. Das Lied vom Zorn des Achilleus und seinen verderblichen Folgen, d. h. der Kern unserer heutigen Ilias, ist das Werk Homers, der dabei schon ältere Lieder da und dort benützt, aber in freier Weise umgestaltet haben mag. Diese von Rhapsoden überlieferte und vorgetragene Dichtung hat aber im Lauf der Zeit starke Erweiterungen erfahren, doch so, daß die Eindichtungen nie als selbständige Lieder bestanden, sondern mit mehr oder weniger Rücksicht auf das schon vorhandene Epos verfaßt und für die Stelle berechnet waren, an der sie eingeführt wurden, wobei sie freilich vielleicht zuweilen Teile des alten Bestandes verdrängten. Warum sollten sich auch unter den berufsmäßigen Rhapsoden nicht ab und zu dichterisch veranlagte Naturen gefunden haben, die im Stile des Meisters sein Werk um- und ausbauten? Das romantische Dogma, daß das künstlerisch Wertvollste immer am Anfang stehen müsse, ist durchaus unbeweisbar. Aufmerksame Beobachtung glaubt auch da und dort verschiedene Dichterindividualitäten durchfühlen zu können. Züge altertümlicher Wildheit und Roheit hat besonders der 22. Gesang (v. 346f. 371) bewahrt. Als sichere Eindichtungen in die Ilias dürfen der Schiffs- und Troerkatalog in B gelten, die schon hesiodischen Stil zeigen, ferner die Aristie des Diomedes (E), die Dolonie

(K) und die beiden letzten Gesänge (ΨΩ). Neuestens hat W. Schadewaldt in seinen „Iliasstudien“ (Abh. d. Sächs. Ges. d. W. 43, 1938. Philol.-hist. Kl. Nr. VI) im Gegensatz zu der analytischen Kritik die Einheitlichkeit und planmäßige Komposition der Ilias mit gewichtigen Gründen vertreten und ihren Dichter, Homer, an das Ende der Entwicklung, ins 8. Jahrhundert, gesetzt. Für das höhere Alter der Ilias im Vergleich mit der Odyssee sprechen einige geschichtliche Merkmale: der Iliasdichter kennt zwar die Küsten des Hellesponts, aber noch nicht die griechischen Siedelungen am Schwarzen Meer. Er kennt ferner noch die bis zum Ende des 9. Jahrhunderts reichende Blüte des ägyptischen Theben (I 381ff.), und Sidon, nicht Tyrus, ist ihm noch die Hauptstadt Phönikiens.

Die **Odyssee** ist wesentlich jünger als die Ilias und von einem andern Dichter. Sie kennt Sizilien (υ 383, ω 211, 366, 389) und demnach jedenfalls die Anfänge der westlichen Kolonisation im Ausgang des 8. Jahrhunderts; sie hat eine dunkle Kunde von den hellenNächten im hohen Norden (**K** 83ff.) und die Kimmerier, die im 7. Jahrhundert in Kleinasien einfielen, sind ihr wenigstens dem Namen nach als ein noch halb fabelhaftes Volk bekannt (λ 14). Alles das weist etwa in die erste Hälfte des 7. Jahrhunderts. Auch hier mögen ältere Vorlagen benützt sein. Vielleicht bewegten sich die Irrfahrten des Odysseus ursprünglich im Osten, in der Gegend des Schwarzen Meeres, wohin Kirke gehört. Mit Thrinakia war wohl die dreizackige Halbinsel Chalkidike gemeint. Die Teiresiasweissagung scheint auf einen Versuch des Odysseus hinzuweisen, von Osten über Land durch Thesprotien seine Heimat zu erreichen. Die Irrfahrten waren ursprünglich in der dritten Person erzählt, was der Dichter selbst einmal andeutet (μ 389f.). Die Versuche, sie im einzelnen zu lokalisieren, fallen unter das Urteil des Eratosthenes: dies werde dann gelingen, „wenn man den Sattler ausfindig gemacht, der den Windschlauch des Aiolos zusammengenäht habe“ (Strab. I 15a S. 24). Eine sichere Eindichtung ist die Nekyia (λ), die selbst wieder verschiedene Schichten aufweist und sich teils von der „Kleinen Ilias“, teils von dem Epos Hesiods abhängig zeigt. Die Telemachie ist mit dem übrigen Gedicht ziemlich lose verbunden. Ihr Dichter, der die Rolle des Telemach auch in den jetzigen zweiten Teil eingearbeitet hat, ist wohl der Redaktor des ganzen Epos. Dieser Schlußteil hat zwei Formelverse, die nur hier vorkommen (ρ 57, τ 29, ζ 386; ρ 136, π 192, 281). Die antiken Kritiker ließen das Gedicht ψ 296 endigen.

So lassen sich die beiden homerischen Gedichte in ihrem jetzigen Zustand etwa mit einem unserer alten deutschen Dome vergleichen, der, in der Zeit des romanischen Stils begonnen, im gotischen weitergebaut und vielleicht erst im Beginn der Renaissance vollendet wurde, der aber, obwohl man die einzelnen Bauglieder noch unterscheiden kann, für das Auge des Beschauers, der den Blick auf die großen Linien richtet, dennoch eine organische Einheit darstellt.

Die kyklischen Epen. Außer der Ilias und Odyssee gab es noch eine Reihe alter epischer Gedichte, die mit den beiden homerischen zusammen von späteren Literaturhistorikern als der epische Kyklos bezeichnet wurden. Dieser „epische Ring" umfaßte die dichterisch dargestellte Folge von Ereignissen von der Entstehung der Welt bis zum Ausgang der Heroenzeit, die man mit dem Tod des Odysseus abschloß. Sie bildeten das Corpus der heroischen Epen, das mindestens in seinen älteren Bestandteilen, der Thebais, den Epigonoi und Kypria, vielleicht aber auch noch anderen Gedichten bis ins 5. Jahrhundert unter dem Namen Homers lief. Und wenn den Nachrichten von der sog. Peisistrateischen Redaktion der „homerischen Epen", die, auf die Ilias und Odyssee bezogen, zu einem Widersinn führen, eine geschichtliche Tatsache zugrunde liegen sollte, so könnte es nur die sein, daß Peisistratos diese alten, großenteils damals dem Homer zugeschriebenen Gedichte sammeln ließ, ähnlich wie Karl d. Gr. die alten deutschen Heldenlieder. Die ersten Zweifel an der homerischen Verfasserschaft tauchen bei Herodot auf (s. S. 22) und vom 4. Jahrhundert an werden sie, vermutlich von peripatetischen Literarhistorikern, mit mehr oder weniger Wahrscheinlichkeit bestimmten älteren Dichtern zugeschrieben, während sie später vielfach wieder anonym erscheinen. Wir besitzen von ihnen nur wenige wörtliche Bruchstücke, die im wesentlichen den Stil des homerischen Epos zeigen. Doch werden diese ergänzt durch Inhaltsangaben des wahrscheinlich im 2. Jahrhundert n. Chr. lebenden Grammatikers Proklos und in Apollodors Bibliothek.

Voran stand eine Titanomachia, von Eumelos von Korinth oder Arktinos von Milet, die den Sieg der Olympier über das ältere titanische Göttergeschlecht des Kronos feierte. Dann folgten drei Gedichte aus dem thebanischen Sagenkreis: eine Oidipodia, angeblich von dem Lakedaimonier Kinaithon, die in 6000 Versen die

Geschicke des Laios und Oidipus erzählte, die Thebais, die den Krieg der Sieben gegen Theben, und die Epigonoi, die die Eroberung der Stadt durch deren Söhne, je in 7000 Versen schilderten.

Alles übrige gehört dem troischen Sagenkreis an: so das 11 Bücher umfassende Epos Kypria, so genannt nach seinem Entstehungsort, dem Stasinos oder Hegesinos von Kypros zugeschrieben. Es handelte von der Vorgeschichte des Kriegs: dem Beschluß des Zeus, die unter der Last der allzu zahlreich gewordenen Menschen seufzende Erde durch einen großen Krieg zu erleichtern, vom Parisurteil, dem Raub der Helena, der Abfahrt von Aulis nach der Opferung der Iphigenie, der Aussetzung des Philoktetes auf Lemnos und dem Verlauf des Kampfes bis zum Streit des Achilleus und Agamemnon. Dann folgte die Ilias und mit dieser war durch den letzten Vers aufs engste verklammert die Aithiopis (Fr. 1) des Arktinos in 5 Büchern. Sie hat ihren Namen von dem den Troern zu Hilfe eilenden Aithiopenkönig Memnon, der von Achilleus getötet wird. Diesen selbst, der, obwohl in Liebe zu der feindlichen Amazonenkönigin Penthesilea entbrannt, auch diese erschlägt, ereilt sein Schicksal am Skäischen Tor durch den Pfeil des Paris. Aber Thetis entrafft vom Scheiterhaufen weg seine Leiche nach der Insel Leuke (wo der Neubelebte, wie sicher anzunehmen ist, unsterblich wird, s. S. 14). Der Stoff gab Goethe die Anregung zu seiner Achilleis und H. v. Kleist zu seiner Tragödie Penthesilea. Die sog. Kleine Ilias in 4 Büchern, dem Lesches von Mitylene zugeteilt, begann mit dem Streit des Aias und Odysseus um die Waffen des Achilleus (vgl. λ 547), erzählte den Tod des Paris durch einen Pfeil des Philoktetes, den Fall des Eurypylos, des Sohns des Telephos, durch den von Skyros herbeigeholten Neoptolemos, der in dem letzten Abschnitt des Krieges an die Stelle seines Vaters Achilleus tritt, den Raub des Palladions, die Erbauung des hölzernen Rosses und die Eroberung Trojas. Nach der Angabe des Aristoteles (Poet. 23) lieferte dieses Epos den Stoff zu acht Tragödien. Die Iliupersis in 2 Büchern, d. h. die Zerstörung von Ilios, die wieder dem Arktinos zugeschrieben wird, lief dem letzten Teil der Kleinen Ilias parallel. Sie begann mit dem Bau des hölzernen Rosses und der Laokoongeschichte, worauf die Einzelheiten bei der Eroberung von Troja folgten: der Tod des Priamos durch Neoptolemos, die Vergewaltigung der Kassandra durch den jüngeren Aias, der Tod des Astyanax durch Odysseus, die Opferung der Polyxena auf dem Grabe des Achilleus und die Zuteilung der Andromache an Neoptolemos bei der Teilung der Beute. Aus diesem Epos schöpfte Virgil im zweiten Gesang der Äneis. Die Nostoi (d. h. Heimfahrten) des Hagias von Troizen in 5 Büchern schilderten die unglückliche Rückfahrt der Achäer: die Bestrafung des Aias für seinen Frevel, die Ermordung des Agamemnon und seine Rache durch Orestes (vgl. α 35ff. λ 405ff.). Als letzter Nostos schloß sich hier die Odyssee an. Den Schluß des Zyklus bildete das jüngste Gedicht, die Telegonia des Eugammon von Kyrene (um 568) in 2 Büchern. Wir finden hier dasselbe tragische Motiv wie in dem altdeutschen Hildebrandslied: der Vater wird unerkannt vom Sohne erschlagen. Telegonos, der Sohn des Odysseus und der Kirke, kommt auf der Suche nach seinem Vater nach Ithaka, gerät mit ihm in Kampf und tötet ihn mit einem Rochenstachel, der ihm als Waffe dient. Sophokles machte daraus eine Tragödie. Das Epos aber endete glücklich: Telegonos heiratet Penelope, die er samt Telemachos mit nach Hause nimmt. Dieser vermählt sich mit Kirke, die beide unsterblich macht.

So erstreckte sich die epische Produktion durch drei Jahrhunderte hindurch. Beachtenswert ist bei den kyklischen Gedichten das ab und zu bemerkbare Eindringen des erotischen Motivs. Zur künstlerischen Einschätzung reichen die Bruchstücke nicht aus. Außer den kyklischen Gedichten werden noch einige weitere Epen genannt, wie die Eroberung Oichalias, einer Stadt am Peneios in Thessalien, durch Herakles von dem Homeriden Kreophylos von Samos, eine Phokais, Danais u. a. Im Mutterlande stellte das im 7. Jahrhundert aufblühende Korinth in dem aus dem Geschlecht der Bakchiaden stammenden Eumelos einen Epiker, der die Lokalsage seiner Heimat dichterisch bearbeitete, wobei er auch des tragischen Schicksals der von Jason verstoßenen Medea gedachte. Außerdem verfaßte er eine Europia, in der die Entführung der Europa durch Zeus, der sich in einen Stier verwandelt hatte, erzählt war. Ein Epos, dessen Verfasser wir nicht kennen, die Alkmaionis, behandelte die Heimkehr des Alkmaion, des Sohns des Amphiaraos, aus dem Krieg der Epigonen (s. S. 27), der von seinem Vater beauftragt war, an seiner Mutter Eriphyle für den Verrat an ihrem Gemahl Rache zu nehmen: ein Prototyp des Orestes. Diese genealogischen Epen lieferten später den Tragikern reichliche Stoffe. Im 6. Jahrhundert verfaßte Peisandros aus Kameiros auf Rhodos ein Heraklesepos in zwei Büchern. Er schuf den Typus des Helden mit Löwenfell und Keule. Auch der Dodekathlos, die Sage von den sog. zwölf Arbeiten des Helden, hat hier seine endgültige Form erhalten.

Scherzepen und Hymnen. Merkwürdiger sind zwei scherzhafte „homerische" Epen. Das eine war der Margites, der noch dem Aristoteles (Poet. 4) als von Homer verfaßt galt und einen dummen Tölpel schilderte, der „allerlei Handwerk' verstand, doch schlecht verstand er sie alle". Homer schien als Verfasser dieses Gedichts, das sich erstmals die „Nachahmung des Geringwertigen" zum Ziel setzte, ebenso der Vater der Komödie zu sein wie durch seine Heroenepen der der Tragödie. In der Form ist das Gedicht durch die Einmischung jambischer Trimeter unter die Hexameter merkwürdig. Erst in den Anfang des 5. Jahrhunderts dürfte das vollständig erhaltene, dem Karer Pigres zugeschriebene komische Epos, die Batrachomyomachie, gehören, der Froschmäusekrieg, mit dem in lustiger Weise die Ilias parodiert wird. In Georg Rollenhagens „Froschmeuseler" (16. Jahrhundert) hat es eine späte Nachahmung gefunden, deren lehrhafte Tendenz aber dem antiken Gedicht fehlt.

Als homerisch galten endlich noch einem Aristophanes, (Vögel 575) und Thukydides (III 104) eine Anzahl Hymnen auf Götter, die an verschiedenen Orten bei den Festen als Einleitung dem Vortrag der homerischen Gedichte durch die Rhapsoden vorausgeschickt wurden und deshalb „Prooimia" hießen (Pind. Nem. 2, 1).

Der älteste ist der des blinden Sängers von Chios (s. S. 22) auf den Delischen Apollon, der die Geburt des Gottes besingt und zum Vortrag an dem ihm auf der heiligen Insel gefeierten Fest bestimmt ist, wie der zweite auf den Pythischen Apollon den Sieg über den Drachen und die Gründung Delphis feiert. Der dritte auf Hermes schlägt einen scherzhaft heiteren Ton an und erzählt die Schelmenstreiche des jungen Gottes. Er gab Sophokles den Stoff für sein Satyrspiel „Die Spürhunde" (Ichneutai). Der vierte und sechste sind an Aphrodite gerichtet, deren Vermählung mit Anchises der erstere besingt. Der fünfte auf Demeter enthält die Kultlegende von Eleusis, während der siebente, wahrscheinlich in Attika entstanden, den Sieg des Dionysos über tyrrhenische Seeräuber erzählt, in deren Hände der Gott gefallen ist und die er in Delphine verwandelt. Die Geschichte ist am Fries des Lysikratesdenkmals dargestellt und auch von Ovid in den Metamorphosen (III 576ff.) besungen. Während die ältesten dieser Hymnen bis ins 7. Jahrhundert hinaufreichen, gehören die jüngsten unter ihnen erst der alexandrinischen Zeit an.

Hesiod und seine Schule. Wenn man sich vom homerischen Epos zu Hesiod wendet, fühlt man sich plötzlich wie in eine andere Welt versetzt: dort das hochgemute Leben einer stolzen, waffenfreudigen Ritterschaft, hier das gedrückte, unter der harten Willkürherrschaft eines übermütigen Adels seufzende Dasein des böotischen Bauern; dort tritt der Dichter völlig hinter seinem Werke zurück, hier sehen wir die Dichtung ganz aus dem persönlichen Charakter und den besonderen Verhältnissen des Dichters herauswachsen. Hesiod ist die erste greifbare Dichterpersönlichkeit in der griechischen Literaturgeschichte. Er erzählt uns selbst (Erg. 633ff.), daß sein Vater wegen seiner Armut aus dem äolischen Kyme ausgewandert und nach Askra am Fuß des Helikon in Böotien übergesiedelt sei, wo der Jüngling am Abhang des Gebirges die Schafe weidete. Hier erschienen ihm die Musen und beriefen ihn in ihren Dienst. Aber sie lehrten ihn anderes als den Homer. Diesem verliehen sie die Gabe freier, dichterischer Erfindungen; dem Hesiod und durch Hesiod wollen sie die Wahrheit verkünden (Theog. 27f.). Er fühlt sich als Prophet, der in seinem Liede besingen will: „was war und was ist und was sein wird". Ihm sind die Götter nicht ein Spiel seiner künstlerischen Phantasie, sondern wirkliche Mächte, zu denen er hilfesuchend und vertrauensvoll emporschaut, auch wenn vorübergehend ein Zweifel an ihrer unbestechlichen Gerechtigkeit sich einschleichen will. Seine Religion beschränkt sich auch nicht auf die homerischen Götter, sondern er kennt deren so viele, daß alle zu nennen unmöglich ist (Th. 369f.). Dennoch unternimmt er es, in die Menge der göttlichen Wesen Ordnung und System zu bringen, und so wird der Dichter der Theogonie zum ersten griechischen Theologen. Aber nicht nur dieses verstandesmäßige Bedürfnis veranlaßte ihn, über die Götter nachzudenken. Auch die Not des Lebens führte ihn dazu. Sein leichtsinniger Bruder Perses hatte ihn mit Hilfe bestechlicher Richter um sein Erbe betrogen und lief dazu Gefahr, infolge seiner Arbeitsscheu ganz im Elend zu versinken. Diese Erfahrung befestigt in dem Dichter die Überzeugung, daß nur ein rechtschaffenes, der Arbeit gewidmetes Leben den Göttern wohlgefällig und für den Menschen segensreich sei. So nimmt dieDichtung Hesiods eine ethische Wendung und der Sänger wird zugleich zum Herold der Arbeit. Diese Bedeutung hat bei ihm das griechische Wort „ponos", das bei Homer den Kampf bezeichnet. Mochte später der König Kleomenes von Sparta ihn als einen „Dichter für Heloten" verspotten, es bleibt sein Ruhm, die ehrliche Arbeit gepriesen zu haben, die der Grieche als banausisch zu verachten nur zu sehr geneigt war. Überall verfolgt Hesiod eine lehrhafte Absicht und auch unter den Mythen, die er einflicht, haben die meisten eine bestimmte Tendenz und grenzen damit an die Fabel, von der wir auch bei ihm das erste Beispiel finden (Erg. 202ff.). Unverkennbar ist ein pessimistischer Zug in seiner Lebensanschauung, der in seiner Überzeugung von der absteigenden Entwicklung des Menschengeschlechts, in der Anschauung von der Verderblichkeit des Weibes und in der ganz düsteren Betrachtung seiner eigenen Zeit zum Ausdruck kommt. Seinen Trost suchte und fand er in der Dichtung, die ihm auch äußere Anerkennung brachte: trug er doch bei den Leichenspielen des Königs Amphidamas von Chalkis auf Euböa einen Dreifuß als Preis davon (Erg. 654ff.). Hesiods Stil ist viel trockener als der Homers, aber die Sprache des Epos hat er von ihm übernommen. Seine Zeit ist nicht sicher zu bestimmen. Den Alten galt er meist als Zeitgenosse Homers. Da er aber sprachlich von ihm abhängig ist, muß er jünger als die ältesten Teile der homerischen Gedichte sein, aber älter als die jüngsten, die z. T. schon die Einwirkung seines katalogartigen Stils aufweisen. Dies deutet etwa auf die Zeit um 700. Dem Hesiod selbst gehören wahrscheinlich nur die beiden uns vollständig erhaltenen Dichtungen, die „Theogonie" und die „Werke und Tage". Andere, die unter seinem Namen laufen und uns in kleineren oder größeren Bruchstücken erhalten sind, wie der Heroinenkatalog und der „Schild des Herakles", zeigen sich zwar von ihm abhängig, sind aber nachweislich um mehrere Jahrzehnte jünger.

Die Theogonie gibt nach der Anrufung der Musen und der Schilderung der Dichterweihe Hesiods einen Stammbaum der Götter, an dessen Spitze das Chaos, der gähnende Abgrund, steht. Außerdem gehören zu den Urwesen — denn die Vorstellung einer Schöpfung aus dem Nichts kennt der Grieche nicht — die Erde und der weltbildende Eros. Aus dem Chaos gehen Nacht und Finsternis hervor und die Nacht erzeugt den Äther und den Tag. Die Erde aber läßt aus sich den Himmel hervorgehen und zeugt mit diesem das Geschlecht der Titanen und der Giganten. Von dem Titanen Kronos und Rhea stammen dann Zeus, Hades, Poseidon, Hestia und Demeter; von Zeus, der die Titanen in den Tartaros bannt, die jüngeren Götter, deren Geschlechter bis zu den Flußgöttern und Nymphen herabgeführt werden, untermischt mit zahlreichen blutlosen Abstraktionen wie Vergessenheit, Hunger, Schmerzen, Kämpfen, selbst unwahren und zweideutigen Reden (226ff.). Mit einem Anhang über die Heroen bis herab auf die Söhne des Odysseus und der Kalypso schließt das Gedicht. Die trockene Aufzählung der Stammbäume wird unterbrochen durch Einlegung von Mythen wie den von der Täuschung des Zeus durch Prometheus beim Opfer in Mekone oder der Schöpfung des Weibes zur Strafe für den Feuerdiebstahl des Titanen, von Perseus, Herakles und Bellerophon.

In den Werken und Tagen sind verschiedene Bestandteile ineinander gearbeitet: ein Bauernkalender, der die für die verschiedenen Feldarbeiten günstigen Jahreszeiten und Monate angibt (381ff.), mit einem Anhang über die Schiffahrt und einer Liste der für allerlei Verrichtungen zu empfehlenden Monatstage (765ff.). Dazu kommt das Rügelied an seinen leichtsinnigen Bruder Perses (9ff. 213ff.). Dazwischen sind zwei Sentenzenreihen eingeschoben (317ff. 696ff.) und mehrere tiefsinnige Mythen. So vor allem die Erzählung von den fünf Weltaltern (109ff.), eine Art primitiver, pessimistischer Geschichtsphilosophie, und der von der Schöpfung der Pandora (59ff.), wobei die Geringschätzung des als schlechthin verderblich betrachteten Weibes auffällt im Gegensatz zu der geachteten Stellung, welche die Frau in den homerischen Gedichten einnimmt. Nur ein Mittel kennt der Dichter, das dem Menschen aus dem Elend des Lebens heraushelfen kann: die Arbeit. Sie legt er daher dem verirrten Bruder immer wieder ans Herz: „Arbeit ist nimmermehr Schande; nur Nichtstun bringet dir Schande" (v. 311) und besonders in den berühmten Versen (287ff.):

„Laster kannst du dir ohne Bemüh'n in Menge erwerben;
Kurz ist der Weg dahin und nahe dir wohnen sie immer.
Doch vor die Tugend setzten den Schweiß die unsterblichen Götter
Weit und steil ist der Pfad, der zu ihr führet den Wandrer,

Und gar rauh im Beginn; doch hat er die Höhe gewonnen,
Geht es sich leicht darauf hin, war auch beschwerlich der Anstieg.

Hier finden wir erstmals das Bild von den zwei Wegen, das dann in der orphisch-pythagoreischen Ethik, die sie in die Unterwelt versetzt (Plat. Gorg. 524 A), im Mythus des Prodikos von Herakles am Scheideweg und schließlich in den christlichen Evangelien wiederkehrt.

Nicht mehr von Hesiod selbst, sondern ein jüngeres Erzeugnis seiner Schule ist der Frauenkatalog oder die Ehoien (sog. nach dem stets wiederkehrenden Anfang der einzelnen Abschnitte ē hoiē), ein Verzeichnis von Heroinen und ihren Söhnen, von dem zahlreiche Bruchstücke erhalten sind und von dem wir uns nach der Nachahmung in der Odyssee (λ 235ff.) ein Bild machen können. Ein Bruchstück (Fr. 149), dem schon die 630 v. Chr. in Nordafrika gegründete Kolonie Kyrene bekannt ist, weist das Gedicht in das Ende des 7. Jahrhunderts. Mehrere neue Bruchstücke aus der Meleager-, Bellerophon- und Helenasage sind auf Papyrusresten gefunden worden. Auch sie gehören teilweise in die Zeit nach Hesiod. Ein längerer Abschnitt aus dem 4. Buche, der die Geburt des Herakles schildert, ist uns als Einleitung zu dem kleinen Epos „Schild des Herakles" erhalten, das den Kampf des Helden mit Kyknos, dem Sohn des Ares, erzählt und mit besonderer Ausführlichkeit bei der Beschreibung seines Schildes verweilt. Obwohl hier eine sichtliche Nachahmung der Schilderung des Achilleusschildes im 18. Gesang der Ilias vorliegt, besteht zwischen beiden doch der bemerkenswerte Unterschied, daß der homerische Dichter seine Szenen dem Menschenleben entnimmt, der hesiodische dagegen mythische Stoffe, wie den Kampf der Lapithen und Kentauren, bevorzugt.

Von Hesiod führen zur späteren griechischen Literatur eine Reihe von Fäden: die Theogonie gab späteren kosmogonischen Dichtungen Anregung, seine Mythen gaben noch späten Geschlechtern zu denken, der Heroinenkatalog bot der Chorlyrik und den ältesten Logographen eine reiche Fundgrube von Stoffen und ebenso konnte die Fabelpoesie und die gnomologische Dichtung an ihn anknüpfen. Die Hochschätzung des Dichters bei der Nachwelt sprach sich denn auch darin aus, daß sie ihn nicht nur zeitlich, sondern auch dem Werte nach neben Homer stellte. Ja ein altes Volksbuch, der Wettkampf des Homer und Hesiod, das zwar in seiner jetzigen Form erst der Zeit des Kaisers Hadrian entstammt, das aber schon dem Aristophanes bekannt war (Friede 1282 aus Agon 1101) und das wahrscheinlich durch das „Museion", eine Art literarisches Lesebuch des Gorgiasschülers Alkidamas, der Nachwelt erhalten wurde, läßt, anknüpfend an eine Stelle Hesiods (Erg. 654ff.), die beiden Dichter bei den Leichenspielen des Königs Amphidamas von Chalkis miteinander rivalisieren und den Hesiod den Sieg davontragen, da es billig sei, daß der Sänger von Landbau und Frieden dem von Krieg und Schlachten vorgehe (201f.). Dies Urteil eines nachgeborenen Geschlechts ist für die eingetretene Wendung im griechischen Kultur- und Geistesleben bezeichnend: indem Homer von Hesiod überwunden wurde, siegte die Reflexion über die Phantasie, der Verstand über die Kunst, der Pessimismus über die Lebensfreude, die Persönlichkeit über die schulmäßige Technik, der Bürger und Bauer über den Junker und Krieger. Das erzählende Epos tritt seine Herrschaft ab an die lehrhafte Dichtung, in der teils verstandesmäßige Forschung und Spekulation, teils mystische Erhebung und ethische Gesinnung zum Worte kommt und die Persönlichkeit schafft sich für die innere Welt ihrer Gefühle ein Organ in den mannigfaltigen Formen der Lyrik.

Religiöse Strömungen und Dichtungen. Im 7. und 6. Jahrhundert drang mit dem orgiastischen Dionysoskult eine mächtige religiöse Strömung über Thrakien in Griechenland ein, deren letzte Quelle vielleicht in Indien zu suchen ist. Sicher hat Persien einen Ausgangspunkt für ihre Verbreitung gebildet. Bei den Griechen knüpfte sich — wir wissen nicht weshalb — diese Erlösungsreligion an den Namen des mythischen Sängers Orpheus und den Kern dieser orphischen Mysterien bildete die Seelenwanderungslehre. Diese stellte die ganze bisherige Lebensanschauung der Griechen buchstäblich auf den Kopf. Hatte ihnen der Mensch von Fleisch und Blut als der wirkliche Mensch, die Seele nur als sein schemenhaftes Abbild und dieses Erdenleben als das wirkliche Leben, das jenseitige nur als ein bewußtloses Hindämmern gegolten, so behauptete diese Mysterienlehre das genaue Gegenteil: das Ewige und Dauernde am Menschen sei die Seele, die nur infolge einer Schuld auf lange Zeit in diese Körperwelt verbannt sei, um in einer Reihe von Einkörperungen, unterbrochen durch läuternde Strafen im Hades, allmählich wieder den Weg zurückzufinden in das selige Reich der Geister. Der Körper gilt als Gefängnis, ja als Grab der Seele (soma — sema), aus dem sie zu befreien Orpheus den Pfad des Heils in der Askese (hauptsächlich Enthaltung von Fleischnahrung) weist, auf dem allein es gelingen kann, dem Kreis der Geburten zu entrinnen. Neben dieser Seelenwanderungslehre hatte aber diese orphische Mystik auch ihre eigene Theologie und die epischen Gedichte, in denen sie ihre theogonischen oder richtiger kosmogonischen Lehren niederlegte, reichen jedenfalls in hohes Alter, mindestens bis in das 6. Jahrhundert hinauf. Die zahlreichen Götter des Polytheismus werden hier Erscheinungsformen des Einen göttlichen Wesens und Zeus erweitert sich zum Allgott:

„Anfang Zeus, Zeus Mitte, in Zeus ist alles vollendet."

Diese Lehre breitete sich in zahlreichen Konventikeln über ganz Griechenland aus. Onomakritos vertritt sie in Athen am Hof der Peisistratiden. Auch in Großgriechenland faßte sie Fuß, wo die mit Inschriften versehenen Goldplättchen von Petelia (in Bruttium), die man den Mysten ins Grab mitgab, ihre Verbreitung bezeugen. Durch den Pythagoreismus fand sie Eingang in die Philosophie und nahm zugleich mit diesem in der Spätzeit des Altertums einen neuen Aufschwung. Ihr nahe standen Persönlichkeiten wie der apollinische Prophet Aristeas von Prokonnesos, der ein von vielen Fabeln durchsetztes geographisches Epos über die einäugigen Arimaspen schrieb, der Sühnpriester Epimenides von Kreta, der im Ausgang des 7. Jahrhunderts zur Sühnung des kylonischen Frevels nach Athen berufen wurde, und Pherekydes von Syros, der in seiner prosaischen Schrift „Fünfschluft" (Pentemychos) eine eigentümliche Weltbildungslehre vortrug und auch die Seelenwanderungslehre sich angeeignet haben soll.

Der nunmehr ausgebildeten Form des Lehrgedichts bediente sich in Xenophanes, Parmenides und Empedokles auch die Philosophie, was aber besser im Zusammenhang mit der Entstehung der philosophischen Literatur behandelt wird.

Die Fabel. Aisopos. Schon bei Hesiod wird gelegentlich die Tierfabel zur Veranschaulichung des menschlichen Lebens und Treibens benützt: so weist der Dichter mit der Fabel von Habicht und Nachtigall (Erg. 202ff.) auf die Brutalität der Macht hin, freilich nicht, ohne auch den zwischen dem Menschen- und Tierleben bestehenden Unterschied hervorzuheben, daß nämlich das erstere durch Sitte und Recht geregelt werden soll (Erg. 276ff.). Es scheint nun, daß sich die Fabel schon frühe aus der Fessel der gebundenen Form, in der wir sie auch bei Archilochos noch finden (S. 41), befreite, und zwar wird uns als der erste Verfasser prosaischer Fabeln Aisopos von Sardes genannt, der nach Herodot (II 134) um die Mitte des 6. Jahrhunderts Sklave eines gewissen Jadmon in Samos gewesen sein soll. Man dachte ihn sich häßlich und verwachsen, aber klug und erfindungsreich (vgl. die physiognomische Betrachtung Od. 8, 167ff. im Gegensatz zu Il. 2, 212ff.) und ein altes Volksbuch machte ihn zum Helden vieler heiteren Schwänke. Seine Fabeln müssen, weil höchst volkstümlich, rasch in Umlauf gekommen sein. Sokrates unterhielt sich im Gefängnis damit, einige davon in Verse umzusetzen. Im 4. Jahrhundert veranstaltete Demetrios von Phaleron eine Sammlung äsopischer Fabeln.

2. Die Lyrik.

Die politischen Kämpfe des 7. und 6. Jahrhunderts, die den Übergang von der Monarchie zur Aristokratie und von dieser, nicht selten mit dem Zwischenstadium der Tyrannis, zur Demokratie bewirkten, die religiöse Krisis mit ihrem stark pessimistischen Zuge (s. S. 34f.), mit der in ihrem Gefolge auftauchenden Angst vor Befleckung und dem Bedürfnis nach Reinigung und Sühnung, die kriegerischen Drangsale, durch einfallende Barbarenstämme hervorgerufen, endlich die harten wirtschaftlichen Kämpfe, die der Übergang von der Natural- zur Geldwirtschaft mit sich brachte: dies alles trug zu einer mächtigen Steigerung des Gefühlslebens, zur Entfesselung heftiger und tiefer Leidenschaften, zur Bildung kraftvoller und selbstbewußter Persönlichkeiten bei. Und wie jetzt auf politischem Gebiet das überlegene Individuum sich aus der Masse heraushebt und seine Gedanken und seinen Willen durchzusetzen sucht, so will nun auch in der Poesie der Dichter nicht mehr hinter seinem Stoff verschwinden, sondern er läßt sein persönliches inneres Erleben in vollen Wogen im Gesang ausströmen. So tritt neben die Epik die Lyrik, und es ist gar nicht selten, daß auch der Krieger und der Staatsmann zur Leier greifen. Vom 6. Jahrhundert an bildet der Vortrag lyrischer Gesänge auch einen regelmäßigen Bestandteil der öffentlichen Feste.

Die griechische Lyrik ist aufs engste mit der Musik verbunden, und zwar waren die das Lied begleitenden Instrumente entweder die einheimische Lyra oder die aus Phrygien übernommene Flöte. Die Hauptgattungen der Lyrik sind Elegie, Jambus und Melos (Lied), bei welch letzterem aber wieder eine große Menge von Unterarten und vor allem das Einzellied und das Chorlied zu unterscheiden sind. Die Werke der älteren griechischen Lyriker sind uns mit Ausnahme von Pindars Siegesgesängen leider nur in Bruchstücken überliefert, die aber durch die Auffindung ägyptischer Papyri in den letzten Jahrzehnten für Archilochos, Tyrtaios, Alkaios, Sappho, Korinna, Pindar selbst und Bakchylides eine sehr schätzenswerte Bereicherung erfahren haben.

Die Elegie. Das Wort „elegos“ ist wahrscheinlich ein Fremdwort und bedeutet „Rohr“, so daß Elegie ein zur Begleitung der Rohrpfeife oder Flöte gesungenes Lied wäre. Die Alten selbst erklärten Elegie als ein zur Flöte gesungenes Klagelied. Doch ist dieser angebliche Ursprung für den sehr mannigfaltigen Inhalt der Elegie in keiner Weise bestimmend geworden. Was ihre Form betrifft, so verstand man unter „elegeion“ die Verbindung eines Hexameters mit einem Pentameter, also das sog. Distichon. Dieses konnte nun zu ganz kurzen Gedichten verwendet werden: dann entstand das E p i g r a m m, das, wie sein Name sagt, zu Inschriften aller Art diente. So ließ der Peisistratide Hipparchos sogar die

Meilensteine an den Landstraßen mit epigrammatischen Gedichten schmücken. Reihten sich eine größere Anzahl solcher Distichen aneinander, so gab dies eine Elegie, wie wir sie nun von einer Reihe namhafter Dichter ausgebildet sehen.

So feuerte **Kallinos** von Ephesos (um 650) seine Landsleute mit markigen Versen zum Widerstand gegen die in Kleinasien eingefallenen Kimmerier an. Etwa um dieselbe Zeit, während des zweiten messenischen Krieges, begeisterte **Tyrtaios** (vielleicht aus Milet gebürtig) die Spartaner zum todesmutigen Kampf gegen ihre feindlichen Nachbarn. Er malt ihnen das dorische Mannesideal vor Augen, das die wahre Tüchtigkeit nicht in der Athletik, sondern nur im ernsten Kampfe sich bewähren sieht. Auf eines seiner Gedichte geht das horazische „dulce et decorum est pro patria mori" zurück. In einem neu gefundenen Bruchstück zeichnet er mit großer Anschaulichkeit und treffenden Bildern das Gewoge und Getöse des Kampfes. Die spartanische Verfassung scheint er in dem Gedicht „Eunomia" verherrlicht zu haben. Außer Elegien verfaßte er auch kurze, packende Marschlieder (‚embateria') in anapästischem Rhythmus. Viel weichere Töne schlägt **Mimnermos** von Kolophon an, seines Berufs Flötenspieler wie auch seine Geliebte Nanno, nach der er sein Elegienbuch betitelte. Zwar kommt auch er in einer Elegie, worin er die Ehrenrettung eines Verstorbenen unternimmt, einmal auf den Krieg der Ionier gegen die Lydier unter Gyges zu sprechen, aber in der Hauptsache gilt sein Lied der Jugend und der Liebe, die allein das Leben schön machen, das Leben, das nach dem homerischen Bilde so kurz grünt wie die Blätter des Waldes und das keinem Menschen ohne Leid dahingeht. Seine Zeit ist bestimmt durch die von ihm (Fr. 20 B.) erwähnte Sonnenfinsternis des Jahres 648 v. Chr. Diese erotische Elegie des Mimnermos hat noch nach einem halben Jahrtausend auf die römische Elegie eingewirkt; insbesondere Propertius setzte seinen Stolz darein, als neuer Mimnermos zu gelten.

Viel männlicher, aber auch viel nüchterner ist die Elegie **Solons,** des athenischen Archonten vom Jahr 594, der in kritischer Zeit von dem Vertrauen der sich bekämpfenden Parteien ans Ruder des Staates berufen, seine Aufgabe so trefflich löste, daß ihn die Nachwelt zum Kreis der sog. 7 Weisen rechnete, d. h. zu einer kleinen Zahl auserwählter Männer, die ihrem Volk in Gesinnung, Wort und Tat als vorbildlich galten. Er ist der Mann der Wirklichkeit und Wahrhaftigkeit im Sinne Hesiods, mit dem er auch das Mißtrauen gegen die dichterische Phantasie teilt. Er stellte die Poesie in den Dienst der Politik und der Volkserziehung. Da ein

Gesetz verbot, von der Wiedergewinnung der Insel Salamis in der Volksversammlung zu reden, so forderte er in einer Elegie dazu auf und riß das Volk mit sich. Er ist von stolzem Glauben an die Zukunft seines Vaterlandes erfüllt; aber Sorge macht ihm das Umsichgreifen des Ehrgeizes und der Habsucht. Darum erhebt er seine warnende Stimme und erinnert an die rächende Dike und den allwaltenden Zeus. So bekommen seine Gedichte eine paränetische Färbung wie Hesiods Mahnungen an seinen Bruder (S. 32). Aber trotz alles Unerfreulichen, was er wahrnimmt, wird er nicht Pessimist, sondern bewahrt sich seine Lebensfreude und möchte, nie auslernend, gerne achtzig Jahre alt werden. Ein guter Teil seiner Gedichte, teils in elegischen Distichen, teils in trochäischen Tetrametern und Jamben verfaßt, galt der Rechtfertigung seiner politischen Tätigkeit. In der Anfechtung, die sie von rechts und links erfuhr, sah er gerade den Beweis dafür, daß er mit seinem Gesetzgebungswerk die richtige Mitte eingehalten hatte:

„Doch ich, dem Grenzpfahl gleich auf strittigem Gebiet,
Stand zwischen den Partein."

Platon, der in ihm seinen Ahnherrn bewunderte, sah in ihm sein dichterisches Ideal, in dem sich der Dichter mit dem Philosophen und Staatsmann in seinem Sinn aufs innigste verband (Tim. 21 B).

Durchaus lehrhaft gehalten sind die meist in Hexametern abgefaßten „Sprüche des **Phokylides**" von Milet (um 544), die, immer wieder eingeleitet mit den Worten „Auch dies ist von Phokylides", Maßhalten und Tüchtigkeit empfehlen. Originell ist eine Spruchreihe, in der die Frauen in vier Gattungen eingeteilt — ähnlich wie bei Semonides (S. 41) — mit Tieren verglichen werden. Die Erwähnung des Falles der üppigen Weltstadt Niniveh in einem seiner Sprüche (Fr. 4 D.) bildete wohl den Anlaß zur Fälschung eines größeren Lehrgedichts auf den Namen dieses Dichters, das unverkennbare Bekanntschaft mit jüdischen und christlichen Lehren verrät und etwa im 1. Jahrhundert n. Chr. entstanden sein dürfte.

Zwei größere Elegien besitzen wir von dem eleatischen Philosophen **Xenophanes** von Kolophon, deren eine zu einem Symposion gedichtet ist, das er auch mit ernster Unterhaltung gewürzt wissen will, während die andere, einen bezeichnenden Umschwung in der griechischen Denkweise vorbereitend, die Überschätzung der Gymnastik tadelt, wie sie in den den Siegern an den panhellenischen Festen erwiesenen übertriebenen Ehrungen zum Ausdruck komme. Höher stehe die geistige Bildung: „Denn besser als die Kraft von Männern und Rossen ist unsere Weisheit". Zugleich aber tadelt er seine ionischen Landsleute wegen ihrer von den Lydern übernommenen Weichlichkeit. Neben der Elegie pflegte er in seinen Spottgedichten (Silloi) die satirische Parodie, wovon aber nur ganz geringe Reste erhalten sind.

Das umfangreichste Elegienbuch ist uns unter dem Namen des **Theognis** von Megara erhalten, der der zweiten Hälfte des 6. Jahrhunderts angehört, aber den Beginn der Perserkriege noch erlebt haben muß. Vieles darin gehört noch erheblich späterer Zeit an und die Scheidung des Echten von dem Unechten ist keineswegs leicht. Sicher spätere Zutat ist das ganze zweite Buch (v. 1231ff.) und im ersten zahlreiche Trinklieder (sog. Skolia). Als echt müssen vor allem die Gedichte gelten, die das „Siegel" des Dichters, die Anrede an seinen jugendlichen Freund Kyrnos, tragen. Aristokrat vom Scheitel bis zur Sohle und von dem zur Herrschaft gelangten Demos in die Verbannung getrieben, die ihn nach Euböa, Sparta und Sizilien führte, ist Theognis fest überzeugt, daß der Adel nicht nur der Geburt, sondern auch der Gesinnung nach edler ist als die übrige Menschheit. Mit wahrem Ingrimm sieht er den Einfluß der bürgerlichen Kreise wachsen, die sich sogar durch Heiraten mit adeligen Familien verschwägern und so die Rasse verderben. So sucht er sich in Kyrnos einen Erben seiner Denkweise zu erziehen. Ein stark pessimistischer Zug sowohl in der Beurteilung der Menschen, deren Unaufrichtigkeit und Charakterlosigkeit er tief verachtet, als auch der Götter, deren Walten er Gleichgültigkeit und Ungerechtigkeit vorwirft, durchzieht seine Lieder. Mit den anständigen Leuten der ganzen Welt könnte man nicht ein einziges Schiff füllen (v. 55ff.). So finden wir denn auch bei ihm zum erstenmal in der griechischen Dichtung die trübe Lebensweisheit, die Silen dem Midas auf seine Frage, was für den Menschen das beste sei, geoffenbart haben soll (v. 425ff.):

„Gar nicht geboren zu sein, das ist für den Menschen das beste,
Niemals des Sonnenlichts stechende Strahlen zu schau'n;
Ist man aber geboren, so bald wie möglich zum Hades
Einzugehn und zu ruhn, dicht von der Erde umhüllt".

Es ist die Tragik im Leben dieses Dichters, daß er auf verlorenem Posten für eine durch die soziale Umwälzung zum Untergang verurteilte Lebensanschauung kämpft; aber den Ruhm des bedeutendsten Vertreters der gnomologischen Dichtung hat er sich bei der Nachwelt errungen.

Die Jambendichtung. Der Jambus (◡—) und sein Gegenstück, der Trochaios (—◡), sind diejenigen Rhythmen, die der gewöhnlichen Sprechweise am nächsten stehen. Deshalb wurden sie später in Tragödie und Komödie für die

Dialogpartien verwendet und auch schon in dem Scherzepos Margites (s. S. 29) fanden wir jambische Trimeter unter die Hexameter eingesprengt. Auch das jambische Einzellied trägt im Vergleich mit der dem Stil des Epos verwandteren Elegie einen realistischen Zug.

Der Schöpfer der Jambendichtung ist **Archilochos** von Paros, ein Zeitgenosse des Kallinos. Er soll der Sohn eines ionischen Adligen und einer Sklavin gewesen sein, verließ, von Armut bedrängt, seine Heimat und weilte eine Zeitlang auf der Insel Thasos. Dann finden wir ihn im Kampf gegen thrakische Stämme, wie er denn ein abenteuerreiches Landsknechtsleben führte, bis er in einem Krieg gegen Naxos den Tod fand. Er selbst nennt sich stolz einen „Diener des Kriegsgottes und der Musen"; der Aristokrat Kritias (Fr. 44) aber, der Oheim Platons, machte es ihm zum Vorwurf, daß man seine ganze, keineswegs rühmliche Lebensgeschichte und seinen Charakter aus seinen Gedichten ablesen könne. Dies beweist, wie stark das Persönliche in der Dichtung des Archilochos hervortrat. So benutzte er sie auch, um die Familie des Lykambes mit den spitzen Pfeilen seiner Jamben zu verfolgen, weil dieser ihm die Hand seiner Tochter verweigert hatte. Diese Schmähsucht rügt Pindar (P. 2, 55) an ihm. Sonst sahen die Griechen ihn als einen ihrer genialsten Dichter an, dem sie seinen Rang neben Homer anwiesen, und noch um 100 v. Chr. setzte ihm sein parischer Landsmann Sostheus im Gymnasium seiner Vaterstadt ein Denkmal, von dessen umfangreicher Inschrift erhebliche Teile, darunter Bruchstücke von Gedichten des Archilochos, erhalten sind. Leider lassen die geringfügigen Reste die Größe des Mannes kaum mehr ahnen. Neben einigen elegischen Distichen stehen Gedichte in trochäischen Tetrametern und Jamben. Der Dichter zeigt einen starken Wirklichkeitssinn, der ihn den in Freud und Leid auf- und abwogenden „Rhythmus" des Lebens erkennen und ertragen läßt. Eine Sonnenfinsternis (648 v. Chr.) ruft sein naives Erstaunen über die Allmacht des Zeus wach. Über den Verlust seines Schildes im Kampfe, was als Schande galt, setzt er sich leichten Herzens hinweg. Mit großer Geschicklichkeit baut er die von Horaz nachgeahmten jambischen Epoden, in denen er auch mehrmals die Tierfabel verwendet.

Auf der Bahn der Jambendichtung folgte ihm **Semonides** von Amorgos. Von ihm haben wir zwei längere Gedichte, von denen das eine eine höchst pessimistische Betrachtung des Lebens bietet, während das andere noch viel ausführlicher als Phokylides (S. 39) sich über die Frauen verbreitet. Auch hier werden sie in wenig schmeichelhafter Weise mit Tieren, die letzte Gattung allerdings auch, wie dort, mit der fleißigen Biene verglichen, aber das Gesamturteil bleibt doch, wie in Hesiods Pandoramythus (S. 32): Zeus hat im Weib das größte Übel erschaffen.

In die niedrige Sphäre des Bettelpoeten steigt die jambische Dichtung mit **Hipponax** von Ephesos (um 540) herab. Er bedient sich durchweg des sog. Hinkjambus, d. h. derjenigen Form des Trimeters, die im sechsten Fuß immer einen Spondeus oder Trochäus statt des Jambus hat, wodurch der Rhythmus in seinem Lauf plötzlich gehemmt wird. Er ist nach Sprache und Inhalt seiner Gedichte völliger Plebejer. Frierend bittet er um einen warmen Mantel und Schuhe und beklagt sich, daß der blinde Reichtum ihn übersehen habe. Mit seinem witzigen Kopf und seiner bösen Zunge könnte man ihn einen verfrühten Kyniker nennen, wenn ihm nicht die kynische Selbstgenügsamkeit gänzlich abginge. Auf die Mimendichtung der hellenistischen Zeit hat dieser Satiriker stark eingewirkt und in Verbindung damit eine Auferstehung bei der Nachwelt erlebt. Von seinem Zeitgenossen **Ananios** besitzen wir einen Fischküchenkalender in hinkenden trochäischen Tetrametern. Von beiden Dichtern spinnen sich auch Verbindungsfäden zur Komödie des Epicharmos und Aristophanes.

Die melische Dichtung. Das zur Lyra gesungene Einzellied (Melos) unterscheidet sich von Elegie und Jambus formal durch seine meist strophische Komposition, inhaltlich durch die Abwesenheit jeder lehrhaften oder satirischen Absicht. Es ist reiner Gefühlsausdruck, durch und durch persönlich und so erst im vollen modernen Sinne echte Lyrik. Es versteht sich, daß sich diese ganz persönlichen Gefühlsergüsse und Bekenntnisse, in denen tiefe Sehnsucht und schwärmerische Liebe, glühender Haß und bange Sorge, heitere Freundschaft und wohliger Lebensgenuß nebeneinander ihren Ausdruck fanden, nicht zum öffentlichen Vortrag eigneten. Wir müssen uns diese Lieder vielmehr im engeren Freundeskreis beim frohen Symposion oder beim einfachen Liebesmahl (Eranos) gesungen denken. Ihre rhythmische Form war äußerst mannigfaltig, wie neben den erhaltenen, neuerdings durch Papyrusfunde wieder stark vermehrten Resten noch die horazischen Nachahmungen erkennen lassen. Dieses lyrische Lied fand mit der Zeit in ganz Griechenland Verbreitung; die Stätte seiner Geburt aber und zugleich seiner höchsten Vollendung ist das äolische Lesbos, wo ihm Alkaios und

Sappho in ihrer heimischen Sprache die meisterhafte Form schufen und es zugleich mit tiefster Empfindung erfüllten.

Alkaios aus Mitylene (um 600) stammte aus einem alten Adelsgeschlechte und nahm, im waffengeschmückten Rittersaal aufgewachsen, dessen er in anschaulicher Schilderung mit Stolz gedenkt, lebhaftesten Anteil an den äußeren und inneren Kämpfen seiner Vaterstadt: an dem Krieg gegen Athen um das die Einfahrt in den Hellespont und so mittelbar den Zugang zum Schwarzen Meer beherrschende Sigeion sowie an den leidenschaftlichen Verfassungskämpfen in Mitylene, in deren Verlauf zwei Tyrannen, Melanchros und Myrsilos sich erhoben und wieder gestürzt wurden und der Dichter selbst zeitweilig das Brot der Verbannung essen mußte, bis endlich Pittakos, an die Spitze des Staates berufen, geordnete Verhältnisse schuf und dem politischen Gegner die Rückkehr gestattete. Eine ganze Reihe seiner Lieder, die „Revolutionslieder" (Stasiotika)[1]), verdankten diesen Erlebnissen ihre Entstehung und in einem derselben führte er das später so oft wiederholte Bild vom lecken Staatsschiff aus:

„Nicht mehr zu deuten weiß ich der Winde Stand,
Denn bald von dorther wälzt sich die Wog' heran
Und bald von dort, und wir inmitten
Treiben dahin, wie das Schiff uns fortreißt,

Mühselig ringend wider des Sturm's Gewalt;
Denn schon des Masts Fußende bespült die Flut
Und vom zerborstnen Segel trostlos
Flattern die mächtigen Fetzen abwärts"[2]).

Auf die wirtschaftlichen Kämpfe der Zeit wirft der bedenkliche Grundsatz: „Das Geld macht den Mann" ein Licht. Neben solch leidenschaftlichen politischen Liedern finden wir solche an Götter, wie die Dioskuren, die um Hilfe in Seenot angerufen werden, oder auf gefeierte Heroen wie Achilleus. Überzeugt, daß „ohne den Willen des Zeus kein Haar von unsrem Haupte falle" (Fr. 80, 10 D.), schüttelt der Dichter die Sorgen am liebsten beim Becher ab und so verfaßt er feurige Trinklieder: je mehr es draußen stürmt, desto behaglicher am warmen Kamin, das Haupt auf weichem Kissen und vor sich den gefüllten Becher.

---

[1]) Dem Scharfsinn von H. Diels ist es gelungen, ein solches von grimmiger politischer Leidenschaft getragenes Lied aus 2 Bruchstücken in Berlin und Aberdeen zu rekonstruieren (De Alcaei voto, Scheda gratulatoria ad U. de Wilamowitz-Moellendorff missa, Berolini 1920).

[2]) Übersetzung von E. Geibel, Klassisches Liederbuch; (1888) S. 42.

Ihm tritt ebenbürtig zur Seite die um weniges jüngere **Sappho** aus Eresos auf Lesbos. Eine Zeitlang nötigten auch sie die politischen Wirren, die Heimat zu verlassen und nach Sizilien zu fliehen. Dann scheint sie als verheiratete Frau mit ihrer Tochter in Mitylene gelebt zu haben. Hier sammelte sie einen Kreis junger Mädchen um sich, die sie in Musik, Dichtkunst und Reigentanz unterrichtete und mit denen sie gemeinsam die Feste der Götter, insbesondere der Aphrodite, beging. Aus näheren und ferneren Städten, aus Milet, Phokaia, Gyaros u. a., kamen sie zu ihr in ihr „Musenheim", wie sie selbst ihr Haus nennt, lauter Töchter aus vornehmen Familien, die sich im Umgang mit der edlen Frau, die Alkaios „die dunkelgelockte, reine, goldlächelnde Sappho" nennt, zu feiner Sitte bildeten, um dann ins Leben hinauszutreten und sich zu verheiraten. Sappho war ihnen allen in warmer Freundschaft, manchen in heißer Liebe zugetan, ohne dabei ihrer eigenen Familie, z. B. eines in der Ferne weilenden Bruders, zu vergessen. Diese Verhältnisse bilden den Untergrund von Sapphos Dichtung, deren Lieder, von den Alexandrinern nach den Versmaßen geordnet, neun Bücher füllten. Da bittet sie Aphrodite, sie möge, mit ihrem Sperlingsgespann vom Himmel herniederfahrend, ihr das Herz eines geliebten Mädchens zuwenden, oder sie dichtet einer besonders innig von ihr ins Herz geschlossenen Schülerin das Hochzeitslied, das für sie zugleich wehmutsvollen Abschied bedeutet. Eine andere tröstet sie, so schwer es ihr selbst wird, beim Weggehen und ruft ihr die frohe gemeinsam verlebte Zeit in die Erinnerung zurück, oder sie gedenkt mit einer dritten, Atthis, einer gemeinsamen, jetzt in Sardes verheirateten Freundin Arignota, die jetzt „unter den lydischen Frauen glänzt wie der rosig strahlende Mond, der alle Sterne übertrifft" und die nun wohl auch in der Ferne sich nach den Freundinnen sehnt. Eine unbefriedigte Sehnsucht, die sie mit wundervollen Naturbildern zu verweben weiß, durchzieht diese Lieder Sapphos, die die Nachwelt zu der Legende von ihrer Liebe zu dem schönen Jüngling Phaon gestaltet hat. Hie und da tauchen aber in den neu gefundenen Bruchstücken auch Erinnerungen an das Epos auf: so wird Helena als Beispiel für die Unberechenbarkeit der Liebe verwendet und in einem Hochzeitslied war Hektors und Andromaches Vermählung erzählt, in deren Glanz sich das gegenwärtige Fest spiegelte, ähnlich wie Pindar die Taten der Heroen zur Verherrlichung der von ihm besungenen Sieger erzählt. Mitunter scheint sie auch Epithalamien für Mädchen- und Knabenchöre gedichtet zu haben. So erweitert sich doch der Kreis von Sapphos Lyrik mit den Funden zusehends nach Form und Inhalt und immer besser verstehen wir, daß die Nachwelt, angeblich

Platon (Anth. Pal. 9, 506; vgl. 66. 571), ihr den Ehrennamen „der zehnten Muse“ gegeben hat. Catullus (51, 62) hat zwei ihrer Lieder nachgebildet.

Keineswegs die tiefe Glut einer Sappho oder die wilde Leidenschaft eines Alkaios atmen die leichten und frohen Lieder des genußfreudigen Ioniers **Anakreon** von Teos. Das Vordringen der Perserherrschaft nach dem Sturz des lydischen Reiches trieb ihn aus seiner Heimat nach Abdera. Dann finden wir ihn in der Vollreife des Mannesalters an den Höfen kunstsinniger Fürsten, eines Polykrates in Samos und eines Hipparch in Athen, zuletzt folgte er einer Einladung der vornehmen Aleuaden nach Thessalien. In kurzen, leichten Rhythmen besang er Jugend, Liebe und Wein, wobei er sich als alter Mann — er wurde 85 Jahre alt — mit liebenswürdiger Selbstironie schildert. So lebte sein Bild bei der Nachwelt als das eines lebenslustigen Greises fort. Seine Lieder wurden als Skolien bei Gelagen gesungen und Kritias (Fr. 1) prophezeit ihm als dem Sänger der Lebens- und Festesfreude die Unsterblichkeit. In der römischen Kaiserzeit entstand unter seinem Namen ein Kranz gefälliger, aber inhaltsarmer Trink- und Liebeslieder, die sog. Pseudo-Anakreonteen, die seit der Mitte des 16. Jahrhunderts als echte Werke des Teischen Dichters galten und in den Anakreontikern von ganz Europa, auch den deutschen des 18. Jahrhunderts, einem Gleim, Uz, Ramler u. a., begeisterte Nachahmer fanden.

Im griechischen Mutterlande brachte die Heimat Hesiods, Boeotien, zwei Dichterinnen hervor, Myrtis und Korinna. Von der letzteren, einer etwas älteren Zeitgenossin Pindars, haben sich neuerdings zwei balladenartige Gedichte gefunden, die einheimische Sagen in einfacher, volkstümlicher Weise behandeln: das eine ein Wettgesang der Bergriesen Helikon und Kithairon, bei dem die Götter als Kampfrichter entscheiden; das andere „Die Töchter des Asopos“, worin der apollinische Prophet Akraiphen dem Flußgott Auskunft über den Verbleib seiner von verschiedenen Göttern geraubten Töchter erteilt. Ein drittes Lied behandelte die Geschichte des unter die Sterne versetzten Jägers Orion. Korinna bedient sich des einheimischen Dialektes, der nicht, wie der der äolischen Sänger, die landschaftlichen Grenzen überschritt, dichtete also nur für ihre engere Heimat und wollte sich gar nicht mit Pindar messen (Fr. 21), der sich an ganz Griechenland wandte und zu dessen hoher Kunst Korinnas bescheiden treuherzige Lieder sich verhalten, wie die kleinen hübschen Tonfiguren ihrer Vaterstadt Tanagra zur Erz- und Marmorplastik der klassischen griechischen Kunst.

Das Volkslied. Bei dem Trieb der Griechen, alles künstlerisch zu stilisieren, und dem Ansehen, das die so geschaffenen Typen der Dichtung ein für allemal genossen, ist es begreiflich, daß wir von dem urwüchsigen, im Schatten wachsenden Volkslied nicht viel besitzen. Immerhin hat sich noch einiges erhalten. Dahin gehören einige ganz einfache kleine Kultlieder an Dionysos, die Musen und andere Gottheiten; das Schwalbenlied, das Knaben im Frühjahr von Haus zu Haus ziehend und Gaben heischend zu singen pflegten, oder die Eiresione, ein ähnliches in Samos an einem Fest des Apollon vor den Häusern gesungenes Bettlerlied; ferner ein kleines lesbisches Arbeitslied, das man zum Drehen der Mühlsteine sang und in dem diese Tätigkeit sogar dem weisen Pittakos zugeschrieben wird; ein alter spartanischer Wechselgesang von Männern, Jünglingen und Greisen: eine Liedform, die vielleicht den Keim der tragischen Stichomythie bildete; einige Rätsel in dichterischer Form, wie die unter dem Namen der Kleobulina erhaltenen, auch rhythmisch geformte Sprichwörter (daher der versus paroemiacus, der katalektische anapästische Dimeter (◡◡ – ◡◡ – ◡◡ – ◡) und endlich die zahlreichen Skolia oder Trinklieder, unter denen in Athen dasjenige auf die Tyrannenmörder Harmodios und Aristogeiton eines der beliebtesten war.

Kitharodie und Aulodie. Während der ionische Rhapsode das heroische Epos rezitierte, die Elegie, die jambische und melische Poesie nur in kleinerem Kreise vorgetragen wurde, wobei immer der Text gegenüber der Melodie an Wichtigkeit voranstand, bildete sich in Lesbos und an verschiedenen Orten des Mutterlandes, namentlich auf dorischem Gebiet, die Instrumentalmusik zu größerer Vollkommenheit aus, so daß sie sich bei festlichen Gelegenheiten auch öffentlich vernehmen ließ und bei ihren Kompositionen den Text nur als Unterlage für die Musik benutzte. Je nach den Instrumenten unterscheidet man Kitharodie und Aulodie. Als ältester Kitharode wird uns **Terpandros** von Antissa auf Lesbos genannt, der nach Sparta übersiedelte und hier an den Karneen im Jahr 676 einen Sieg errang. Er dichtete und komponierte feierliche, choralartige Weisen in langsamen Rhythmen (sog. Nomoi), besonders Götterhvmnen, von deren einem die ersten Worte erhalten sind:

„Zeus, Anfang und Führer aller Dinge,
Zeus, dir weih' ich dieser Hymnen Anfang."

Er galt als großer Neuerer in der Musik, dem man die Erweiterung der Kithara von einem viersaitigen zu einem siebensaitigen, nach anderer Nachricht sogar zu einem zehnsaitigen Instrument zuschrieb. Seine Nomoi hatten sieben Teile, deren einer, die Sphragis, persönliche Äußerungen des Dichters enthielt.

Als Begründer der aulodischen Nomendichtung gilt Klonas von Tegea oder Theben (um 650), dem Sakadas von Argos, Echembrotos aus Arkadien und, als einziger Ionier, Polymnestos von Kolophon folgten. Sakadas stellte in einer Flötenkomposition, die er in Delphi vortrug, den Kampf Apollons mit dem Drachen Python dar.

Die Chorlyrik. Der kitharodische und aulodische Nomos war zum Einzelvortrag bestimmt. Ungefähr gleichzeitig kommt nun aber auch der Chorgesang auf, zu dem sich Ansätze schon in den homerischen Gedichten finden. Der erste Schritt war wohl die Wiederholung gewisser Heil- oder Klagerufe oder eines Kehrverses nach dem Vortrag des Sängers durch einen Kreis von Zuhörern. Seine künstlerische Ausbildung fand dann der Chorgesang im 7. Jahrhundert im Zusammenhang mit dem Reigentanz. „Choros" bedeutet ursprünglich „Tanzplatz", dann erst den auf diesem in rhythmischen Schritten zur Begleitung zuerst der Kithara, dann immer häufiger der Flöte sich bewegenden Chor. Solche Choraufführungen fanden zu Ehren von Göttern wie Ares, Apollon, Dionysos u. a. von Männern und Frauen, Jünglingen und Mädchen an den Festen des Kultus statt. Der Chor, aus 7 bis 50 Personen bestehend, gruppierte sich dabei im Kreis um den vortragenden Sänger und hieß daher „Rundchor" (κύκλιος χορός). Der Ursprung der Sitte ist, wie es scheint, auf der Insel Kreta zu suchen, von wo sie sich auf den Peloponnes und die Inseln verbreitete, weshalb sich diese Chordichtung auch im wesentlichen im dorischen Dialekt bewegt. Die Chorlieder waren entweder monostrophisch komponiert oder in der später von der Tragödie übernommenen triadischen Form von Strophe, Gegenstrophe und Nachgesang (Epodos) oder endlich waren sie durchkomponiert (ἀπολελυμένα), was insbesondere unter dem Einfluß des Dithyrambos gegen das Ende des 6. Jahrhunderts aufkam. Der Inhalt war je nach dem Anlaß verschieden: Lieder auf Götter wie die Paiane und Dithyramben, Trauer- oder Hochzeitsgesänge, Tanzlieder und Festgesänge aller Art, Siegeslieder usw.

Thaletas von Gortyn war es, der bald nach 665 diese Chorlyrik aus seiner kretischen Heimat nach Sparta verpflanzte und hier durch die Einführung der an den Apollofesten von Chören vorgetragenen Paiane und des Waffentanzes der Pyrrhiche eine neue Blüteperiode musischer Kunst heraufführte.

In Sparta wirkte auch der aus Sardes gebürtige, aber völlig hellenisierte Lyder **Alkman,** der sich durch seine Kunst die Freiheit erworben zu haben scheint. Er dichtete besonders Chorlieder für weibliche Kultvereine (Parthenien). Ein solches, eine große metrische Komposition, noch nicht ganz zur strophischen Responsion durchgebildet, ist größtenteils erhalten. Die erste Hälfte ist ernsten Inhalts und erzählt von Göttern und Heroen, während der Dichter im zweiten Teil zwei Mädchen, Hagesichora und ihre Verwandte Agido, in neckischem Ton vom Chor schildern läßt. Selbst die wenigen erhaltenen Reste zeigen, daß Alkmans Gesänge ziemlich viel Persönliches enthielten. So nimmt er als alter Mann, sich mit dem altersschwachen, von seinem Weibchen über die schäumenden Wogen getragenen Eisvogel vergleichend, in wehmütigen Versen Abschied von den süßstimmigen Mädchen seiner Chöre. Die Perle seiner Dichtungen aber ist das wundervolle Abendlied, dessen tiefes Naturgefühl sich mit Sappho messen kann und das man Goethes „Wanderers Nachtlied" an die Seite stellen darf:

„Schlafend ruht das Gebirg; es ruhn die Gipfel und Schluchten,
Steile Hänge, tiefe Täler,
Laub des Waldes[1]) und Tiere, die nährt die schwarze Erde,
Bergbewohnendes Wild und die Völker der Bienen
Und Ungetüme in purpurnen Meerestiefen.

[1]) φύλλα conj. Bergk; überliefert φῦλα.

Schlafend ruht der Vögel
Fittiche breitender Schwarm."

Auch in den dorischen Kolonien des Westens blühte die Chorlyrik auf und einer ihrer ersten Meister war hier **Stesichoros** von Himera (um 600), der seinen eigentlichen Namen Teisias mit diesem seine Kunst bezeichnenden vertauscht haben soll. Durch die Fabel vom Pferd, Hirsch und Menschen soll er seine Landsleute vor der Tyrannis des Phalaris gewarnt haben (Arist. Rhet. V 20. 1393b 9ff.). Für seine Dichtung ist es charakteristisch, daß er heroische Stoffe in ausgedehntestem Maße in seinen Chorgesängen behandelte, worin ihm Xenokritos (oder Xenokrates) von Lokroi vorangegangen zu sein scheint. Seine Gedichte füllten 26 Bücher und manche waren so umfangreich, daß sie sich über mehrere Bücher erstreckten. Simonides (Fr. 32, 4 D.) nennt ihn deshalb mit Homer in einem Atem und Quintilian (X 1, 62) sagt von ihm, er habe der Leier die Last des Epos aufgeladen. So nimmt er eine Art Mittelstellung zwischen diesem und der Tragödie ein. In einer „Geryonis" besang er das Abenteuer des Herakles mit diesem Riesen, das hier schon in Tartessos in Spanien lokalisiert war, in der „Eberjagd" die Meleagersage, in der „Eriphyle" deren Verrat an ihrem Gatten Amphiaraos, in der „Iliupersis" die Zerstörung Trojas, wobei schon der Auswanderung des Aineias nach Italien gedacht war. In der „Helena" war deren Entführung durch Paris erzählt; aber die beleidigte Göttin (s. S. 14) bestrafte den Dichter mit Blindheit, worauf er in einer „Palinodie" die Geschichte als unwahr widerrief, um sein Augenlicht wiederzuerhalten (Plat. Phaidr. 243A). Daran schließt sich Euripides in seiner „Helena" an. Endlich erscheint er mit einer zwei Bücher umfassenden „Orestie" als Vorläufer des Aischylos. Außer diesen heroischen Stoffen behandelte Stesichoros aber auch volkstümliche Liebesgeschichten: so die treue Liebe der dem Tyrannen von Korinth verlobten Rhadina zu ihrem Vetter Leontichos, die das Paar mit dem Tode büßen mußte (ein Motiv ähnlich dem von Romeo und Julia) und den Selbstmord der von dem schönen Euathlos verlassenen Kalyke. Auch die später in der bukolischen

Dichtung zum stehenden Typus gewordene Gestalt des von einer Nymphe geliebten, aber dann für seine Untreue von ihr bestraften Hirten Daphnis führte der himeräische Dichter, an eine Lokalsage seiner Heimat anknüpfend, in die Poesie ein. Endlich wendete er manche Göttermythen, wie die Geburt der Athene und des Typhaon, ins Komische, ebenso die Heldengestalt des Herakles, aus dem er einen mächtigen Esser und Trinker machte, und er bildet damit eine Brücke von der Götterburleske des homerischen Epos (S. 21) und der Hymnen (S. 29) zur Komödie des Epicharmos.

Aus dem Sizilien benachbarten Rhegion stammte der durch Schillers Ballade allbekannte Ibykos (um 540). Er verherrlichte besonders die bei den Dorern einheimische Knabenliebe. Auch er hat schöne Naturbilder, doch kann sich sein etwas erkünstelter Stil weder mit der heißen Leidenschaft der Lesbier noch mit der natürlichen Anmut eines Anakreon oder der Originalität eines Alkman messen. Er scheint ein hohes Alter erreicht zu haben. Die Geschichte von den Kranichen (Anth. Pal. 7, 745) wurde ursprünglich von Seeräubern erzählt und vielleicht in pythagoreischen Kreisen, denen des Ibykos Vater, Phytios, angehörte, mit Anspielung auf den Namen des Dichters — „ibyx" war der Name eines Vogels — auf diesen übertragen. Der Dichter selbst verrät übrigens gar nichts von pythagoreischer Gesinnung und die Erwähnung des Orpheus, der sich bei ihm zuerst genannt findet, galt ohne Zweifel dem mythischen Sänger, nicht dem mystischen Propheten.

Im Zusammenhang mit dem Aufkommen der Tyrannis, die sich gegen die Aristokratie auf die Kleinbauern stützte, nahm der Kultus des Fruchtbarkeitsgottes Dionysos einen Aufschwung und so wird im 6. Jahrhundert das ihm gesungene Festlied, der Dithyrambos, zur literarischen Kunstgattung. Als deren Schöpfer wird der mit Periander von Korinth (627—585) befreundete Arion von Methymna auf Lesbos genannt, um dessen Person sich die ätiologische Legende von der Errettung durch einen Delphin gerankt hat (Her. I 23f.). Erhalten ist nichts von ihm; denn der ihm zugeschriebene Hymnus auf Poseidon gehört viel späterer Zeit an. Dagegen besitzen wir von Pratinas aus Phleius, dem Schöpfer des Satyrspiels, der um die Wende vom 6. zum 5. Jahrhundert lebte, einen prachtvollen Dithyrambos, dessen stürmische wechselnde Rhythmen die wilden Sprünge des dionysischen Chores anschaulich malen und dessen kühne Wortbildungen das Nahen der Tragödie ankündigen. Auch auf die jüngeren Chorlyriker hat diese Dithyrambendichtung stark eingewirkt.

Unter diesen steht voran **Simonides** aus Julis auf der Insel Keos (556—468). Er steht auf der Grenze zweier Zeitalter. Seine Jugend- und Mannesjahre führten ihn in einem unruhigen Wanderleben an die Tyrannenhöfe des Polykrates in Samos, der Peisistratiden in Athen und der Aleuaden in den thessalischen Städten Krannon und Larisa. Dann erlebt er die Freiheitskämpfe gegen Persien und wird der Herold der griechischen Siege. Zuletzt (von 475 an) treffen wir ihn wieder im Fürstendienst, am Musenhof des Königs Hieron von Syrakus (478—467), wo er im Bunde mit seinem Neffen Bakchylides (s. S. 53) mit Pindar rivalisiert. Seinen Tod und sein Grab fand er in Agrigent.

Simonides war ein großes dichterisches Talent und konnte sich rühmen, 56 lyrische Siege errungen zu haben. Mit gleicher Meisterschaft beherrschte er die verschiedensten Dichtungsformen: Siegeslieder und Lobgesänge, Tanzweisen und Klagelieder, Dithyramben und Skolien, Elegien und Epigramme. Er war so vielseitig, daß seine Anpassungsfähigkeit Gefahr lief, zur Charakterlosigkeit zu werden. Vielfach dichtete er auf Bestellung gegen hohe Honorare, weshalb ihm Pindar (Isthm. 2, 6ff.) den Vorwurf macht, seine Lieder hätten „ein versilbertes Antlitz". Wie mit dieser äußeren Form seiner „gewinnliebenden Muse", so erscheint Simonides auch mit seiner ganzen Geistesrichtung als ein Vorläufer der Sophistik. Seine Poesie weist einen stark reflektierenden, manchmal fast ans Frivole grenzenden Zug auf. Auf ihn geht das vielumstrittene Wort zurück, daß die Poesie eine redende Malerei und die Malerei eine stumme Poesie sei (Rhet. ad Her. IV 28, 39; vgl. Horaz, A. P. 361). Er gilt als erster Erfinder der von dem Sophisten Hippias vervollkommneten Mnemotechnik, auf die ihn ein in Krannon erlebter, legendarisch ausgeschmückter Unglücksfall geführt haben soll (Cic. de or. II 86, 353ff.). Die im Mittelpunkt der sophistischen Erörterungen stehenden Begriffe der Weisheit und Tugend spielen schon in seinen Gedichten eine große Rolle. Auch ein pessimistischer Klang fließt gelegentlich mit ein, wenn er den Vergleich der Menschengeschlechter mit dem kurz grünenden Laub des Waldes die schönste Stelle im Homer nennt. Und sophistisch gedacht ist es auch, wenn er dem Schein eine größere Macht zuschreibt als der Wahrheit. Lessing hat ihn deshalb den „griechischen Voltaire" genannt, mit dem er auch die geistreiche Häßlichkeit teilte. Aber auch den Lebensgenuß verschmäht Simonides keineswegs und der kluge, selbstbewußte Weltmann weiß sich gleich gut am Fürstenhofe wie im demokratischen Athen zu bewegen, wo er mit Themistokles in persönliche Verbindung getreten zu sein scheint.

Als Dichter versteht er die verschiedensten Saiten anzuschlagen. Er dichtet wie Pindar Siegeslieder auf Träger von Preisen in gymnischen und hippischen Agonen an den panhellenischen Festen. Er preist in einem unsterblichen Lied die Thermopylenkämpfer:

„Die ihr erlagt an den Thermopylen,
Im Tode gewannt ihr das herrlichste Loos!
Ein Altar ist das Grab euch, Gedächtnis die Trauer
Und die Klage Triumphlied.
Dies Heldenmal deckt nimmer das Moos
Mit Vergessenheit zu
Noch tilgt es die Allverderberin Zeit.
Denn es wohnt ja mit euch im dunkeln Gewölb
Der Ehrenhort des Hellenengeschlechts,
Mit euch Leonidas, Spartas König,
Der das leuchtende Vorbild männlicher Tat
Und unsterblichen Ruhm uns nachließ"[1]).

Wie er hier die kraftvollsten Töne erklingen läßt, so findet er in der in einen Dithyrambus verflochtenen Klage der Danae, die mit ihrem Kinde Perseus, in einen Kasten eingeschlossen, auf dem Meere treibt, die weichsten Laute der Mutterliebe und Muttersorge und reißt den Hörer oder Leser zu Mitleid und Rührung hin. Und in

[1]) Übersetzung von E. Geibel. Klassisches Liederbuch S. 59.

einem verlorenen Gedicht ließ er bei der Abfahrt der Achäer von Troja mit ergreifender Anschaulichkeit den Schatten des Achilleus dem Grabe entsteigen (de subl. 15, 7). Dagegen ist das Skolion an Skopas, das Platon im „Protagoras" erörtert, fast eine philosophische Abhandlung in gebundener Form. Wie hier Platon den Protagoras an ihn anknüpfen läßt, so ist seine Nachwirkung im Epitaphios des Gorgias spürbar. Xenophon läßt ihn im Symposion mit Hieron über den Wert der Tyrannis diskutieren und nach Ciceros Zeugnis (n. d. I 22,60) lautete die Antwort auf die von diesem Fürsten an den Dichter einmal gerichtete Frage, was ein Gott sei, ebenso skeptisch wie der bekannte Satz des Protagoras über die Götter. In dem Bild, das die Nachwelt von ihm festhielt, verblaßte allmählich der unschöne Zug der Gewinnsucht, den noch Thukydides (II 44,4) rügt. Für Platon (Resp. I 331 E, 335 E) ist er in idealer Verbindung Denker und Dichter, den er darum den sog. 7 Weisen an die Seite stellt.

Bei Lebzeiten hat es ihm nicht an Neidern und Gegnern gefehlt. Zu ihnen gehörte Timokreon aus Jalysos auf Rhodos, der unter den Chorlyrikern steht wie Hipponax (s. S. 42) unter den Jambendichtern. Wie er leichten Herzens seinen Frieden mit den Persern machte, so verunglimpfte er in seinen Gedichten den hochverdienten Themistokles und den ihm nahestehenden Simonides, indem er die Dichtkunst zum Pamphlet in gebundener Form erniedrigte. Simonides rächte sich an ihm durch folgendes Epigramm auf sein Grab, in dem er ihn selbst sagen läßt:

„Viel gegessen und viel getrunken und viel auch die Menschen
Hab' ich geschmäht: davon ruh' ich, Timokreon, hier."

Mit Simonides zusammen gehört sein Neffe und Landsmann **Bakchylides,** der, obwohl sein Leben bis etwa in die Mitte des 5. Jahrhunderts hineinreicht, doch mit seiner ganzen Dichtung noch in den aristokratischen Sitten der vorpersischen Zeit wurzelt. Mit seinem Oheim weilte er eine Zeitlang am Hofe Hierons von Syrakus, und Pindar bezeichnet einmal die ihm lästigen und unsympathischen keischen Rivalen als „kreischende Raben", die gegen den Vogel des Zeus nicht aufkommen (Ol. 2, 86f.; vgl. auch Pyth. 2, 77), während Bakchylides selbst sich die keische Nachtigall nennt (3, 98). Der Dichter starb, aus seiner Vaterstadt verbannt, in Argos. An geistiger Bedeutung kann er sich mit Simonides nicht messen und seine Poesie hat in Form und Inhalt viel Konventionelles, was auch von den zahlreichen Sentenzen gilt; aber Anmut und Geschick in Sprache und Rhythmus ist ihm nicht abzusprechen.

Die Bruchstücke seiner Lieder, die alle Arten der Chorlyrik umfaßten und unter denen eines der schönsten der aus einem Paian stammende Preis des Friedens als des Spenders des Wohlstands und der Lebensfreude war, erfuhren im Jahr 1896 eine wertvolle Bereicherung durch die Auffindung von 19 annähernd vollständigen Gedichten in Ägypten. Davon sind 13 Epinikien, worunter drei auf Rennsiege des Hieron, und 6 Lieder für Götterfeste. In einem der ersteren erzählt Bakchylides, abweichend von Herodot (I 87), das Ende des Lydierkönigs Kroisos, der, wie es auch ein Vasenbild darstellt, sich selbst verbrennen will und von Apollon, den er so fromm und freigebig verehrt hat, ins Land der Hyperboreer entrückt wird. In einem andern läßt er den Schatten des Meleagros dem in den Hades hinabgestiegenen Herakles sein trauriges Schicksal berichten. Am interessantesten aber wird uns Bakchylides durch die andere Gruppe von Gedichten, weil in ihr die Entwicklung des Dithyrambos (s. S. 50 f.) zur Heroenballade vollendet vorliegt. In einem dieser Lieder („Die jungen Helden“), eigentlich einem Paian für das Fest des Delischen Apollo, erzählt der Dichter, wie der junge Theseus auf der Fahrt nach Kreta vom Schiff des Königs Minos ins Meer springt und den von diesem in die Fluten geworfenen Ring wieder heraufholt, womit erstmals das Tauchermotiv in der Literatur auftritt. Noch einen Schritt weiter geht das folgende, gleichfalls von Theseus handelnde Gedicht. Hier wird der König Aigeus, der die Heimkehr seines Sohnes erwartet, im Gespräch mit einem athenischen Bürger, vielleicht dem Chorführer, eingeführt. Wir sehen also den Dithyrambos die Form des Dialogs annehmen, womit er sich der Tragödie nähert, wie denn auch diese Gedichte ganz wie die Tragödie bestimmte Überschriften tragen: Herakles, Theseus, Zurückforderung der Helena, Laokoon, Kassandra, Philoktetes, Jo u. a. Somit stellt sich die Heroenballade als Mittelglied zwischen der Chorlyrik und der Tragödie dar. Neuerdings fanden sich in Oxyrhynchos auch noch Reste zweier Skolien des Bakchylides, deren eines an Hieron, das andere an König Alexander I. von Makedonien (498—454), einen Freund griechischer Bildung, gerichtet ist, den auch Pindar eines Liedes gewürdigt hat.

Ihre höchste künstlerische Vollendung fand die Chorlyrik in **Pindaros** aus Kynoskephalai bei Theben (518—446). Aus dem vornehmen Geschlecht der Aigiden entsprossen, atmete er von Kindheit an aristokratische Luft und lebte ganz in der Welt, den Sitten und Anschauungen der reichen Adelsfamilien, denen die Tüchtigkeit des Menschen als durch seine Abstammung bedingt galt. Wie er den Reichtum dieser Geschlechter, der ihnen das Auftreten an den großen panhellenischen Spielen ermöglichte, als einen Segen der Götter betrachtete, so war ihm auch sein eigenes dichterisches und musikalisches Talent eine angeborene Gottesgabe, nicht eine erlernbare Kunst (O. 2, 86). Aber die musikalische Technik mußte auch der gottbegnadete Sänger sich erst erwerben und so kam der begabte Jüngling nach Athen, wo ihn die Chormeister Agathokles und Apollodoros und der Dichter Lasos von Hermione (in Argos) in die äußeren Formen der Kunst einweihten. In welche Künsteleien man sich hier schon verlor, zeigt die Nachricht, daß Lasos einmal ein Gedicht (Die Kentauren) machte, in dem kein S vorkam: ein Laut, dessen zischende Aussprache man, wie auch ein Bruchstück Pindars (Fr. 79) beweist, unangenehm empfand. Pindar blieb auch in Athen er selbst und lehnte die neue, demokratische Welt, die sich ihm dort auftat, bewußt ab. Nach Hause zurückgekehrt, trat der Zwanzigjährige erstmals mit einem Chorlied für einen thessalischen Sieger an den pythischen Spielen (P. 10) an die Öffentlichkeit. Wie mit Delphi verknüpften ihn auch mit Aigina schon frühe nahe Beziehungen. Von der Teilnahme am öffentlichen Leben hielt sich der Dichter, dem die Formen der Verfassungen weniger wichtig schienen, als die Person der leitenden Staatsmänner (P. 2, 86ff.), fern, wenn er es auch mit reger Teilnahme begleitete. In eine schwierige Stellung brachte den Thebaner und Diener des delphischen Gottes der Freiheitskampf gegen Persien, an dem sich seine Vaterstadt nicht beteiligte und vor dem auch Apollon warnte. Daß er zur Neutralität riet (Fr. 228), macht ihm noch Polybios (4, 31) zum Vorwurf. Das Strafgericht, mit dem Theben nach Platää seine Haltung büßen mußte, ließ bei ihm keine reine Freude über die griechischen Siege aufkommen. So kam ihm der Ruf König Hierons von Syrakus, dem er 476 folgte, als eine Befreiung aus peinlicher Lage. Mit diesem Fürsten sowie mit der Familie des ihm verwandten Theron von Agrigent verband den Dichter echte persönliche Freundschaft und er, der zu stolz war, um Fürstendiener zu sein, sondern „sich selbst leben wollte“ (Vita Ambr. 3, 20f.), durfte sich in diesen Kreisen auch ein Wort ernster, seelsorgerlicher Mahnung erlauben. Für die von Hieron gegründete Stadt Aitnai, die auch Aischylos in einem Festspiel feierte, dichtete Pindar das Einweihungslied (P. 1), in dem er dem zu ihrem Regenten eingesetzten jungen Sohn Hierons, Deinomenes, eine Art Fürstenspiegel vorhielt. Unbequem empfand der Dichter die Konkurrenz des von ihm in seinem ganzen Wesen so völlig verschiedenen Simonides und seines Neffen Bakchylides (s. S. 53f.) und so kehrte er schon im folgenden Jahre in die Heimat zurück. In Sizilien hatte Pindar ein starkes Fürstentum in erfolgreichem Kampf für das Hellenentum gegen karthagische Machtgelüste schätzen und bewundern gelernt, und so hatte sich ihm auch der Blick für die nationalen Verdienste Athens geweitet, das er nun als das „Bollwerk von Hellas“ und den „Hort der Freiheit“ feiert (Fr. 76, 77). Dafür verlieh ihm die Stadt die Proxenie und eine Ehrengabe von 10000 Drachmen (Isokr. 15, 166). Salamis, Platää und Himera stehen ihm nun als ruhmvolle Befreiungstaten in einer Reihe (P. 1, 75ff.). Inzwischen hatte sich Pindars Ruhm durch ganz Griechenland verbreitet und drang selbst bis nach Makedonien und in das ferne Kyrene, wo er zwischen dem König Arkesilaos und dessen Volk zu vermitteln suchte (P. 4, 5). Die Ausbreitung der athenischen Macht in Mittelgriechenland seit dem Sieg bei Oinophyta (457) war jedoch keineswegs nach seinem Sinne und ihr Zusammenbruch bei Koroneia (447) war wohl der letzte Lichtblick seines Alters. Aus dem Jahr 446 stammt sein letztes Lied (P. 8). Bald darauf scheint er fern der Heimat in Argos gestorben zu sein.

Obgleich so Pindars Leben noch bis an das perikleische Zeitalter heranreicht, gehört er doch mit seiner ganzen Denkart noch der vorpersischen Zeit an. Der schwerblütige Böotier wandelt in den Bahnen seines alten Landsmannes Hesiod, dessen Gedichte er auch nicht selten als Quelle für seine Mythen benützt. Wie diesem ist es ihm um Wahrheit und Frömmigkeit zu tun und auch er hat daher eine ausgesprochene Antipathie gegen Homer und besonders gegen den Typus ionischer Lebensklugheit, gegen Odysseus (N. 7, 20f., 8, 24ff.; Fr. 260). Und ebensowenig teilt er die Wißbegier der rasch aufblühenden ionischen Physik, die ihm „eine unreife Frucht der Weisheit zu pflücken" scheint (Fr. 209). Reichlich ein Jahrhundert nach Thales flößt ihm eine Sonnenfinsternis (463) dieselben Befürchtungen ein wie dem gemeinen Mann (Fr. 107). Er ist ein frommer Anhänger der Religion der Väter und mehr als die Hälfte seiner Lieder war an Götter gerichtet. Er stiftet sogar selbst Heiligtümer: so der Göttermutter und dem Pan eines neben seinem Hause (P. 3, 78; Fr. 95—100; Paus. IX 25, 3) und dem Zeus Ammon eines auf der Burg nebst dem von Kalamis gefertigten Kultbild (Paus. IX 16, 1; Fr. 36). Einen Hymnus des Dichters auf diesen Gott ließ noch Ptolemaios I. inschriftlich verewigen. Schon früh von starkem Selbstbewußtsein erfüllt, fühlt sich Pindar als „Prophet der Musen" (Pai. 6, 6), als Diener Apollons und Lehrer seines Volkes. Als solcher strebt er nach einer sittlichen Läuterung der Religion, indem er anstößige Züge der von den alten Dichtern überlieferten und dem Volk geläufigen Mythen teils unterdrückt, teils bewußt abändert. Er will von den Göttern nur Gutes reden (O. 1, 35), weshalb es ihm widerstrebt, Götterkämpfe zu erzählen (O. 9, 35ff.). Eine so grausige Geschichte wie die Zerstückelung des Pelops verwandelt er in dessen Entführung durch Zeus (O. 1, 28ff.); Apollons Allwissenheit bedarf keinerlei irdischer Vermittlung (P. 3, 27ff.; 9, 42ff.). Dagegen bedient er sich mancher Mythen zur Warnung vor Überhebung und Frevel (O. 1, 55ff. Tantalos; P. 2, 21ff. Ixion; 4, 90ff. Tityos; J. 7, 43ff. Bellerophon). Denn „Sterblichen ziemt Sterbliches" (J. 5, 16). Die Vorstellung des Zeus erweitert sich ihm zuweilen fast zu der einer Allgottheit (J. 5, 53; Fr. 140), ja zum Weltgesetz (Fr. 169, vgl. Pai. 6, 94). Und stammen auch Götter und Menschen von einer Mutter (N. 6, 1), so bleibt der Mensch doch ein flüchtiges Gebilde, „eines Schattens Traum" (P. 8, 95), in dessen armem Leben auf ein Gut zwei Übel kommen (P. 3, 81), der nur etwas leistet, wenn von der Gnade der Gottheit ein

Strahl auf ihn fällt (P. 5, 96f.), wie auf die verehrungswürdigen Heroen, und für den ein früher Tod das beste ist (Fr. 2. 3). Alle diese Züge in Pindars Lebensanschauung, die Versittlichung der Mythen, der sich noch innerhalb der polytheistischen Formen haltende Zug zum Pantheismus und die pessimistische Einschätzung des diesseitigen Lebens, weisen nicht sowohl nach der ionischen Philosophie, als nach der orphischen Mystik (s. S. 34) als ihrer Quelle, die Pindar in Sizilien kennengelernt hat, deren Lehren von Wiedergeburt und Unsterblichkeit er in einem Lied an Theron (O. 68ff.) berührt und deren er auch in den Resten einiger verlorener Gedichte (Fr. 131, 133; bei Plat. Men. 81 B) gedenkt, während er ein andermal das Leben im Jenseits mehr nach dem Glauben der Eleusinien ausmalt (Fr. 129, 130, 137). Da nach orphischer Lehre die höchste und letzte Form der Einkörperung die des Fürsten, Dichters oder Arztes ist, so ließ sie sich auch mit Pindars Hochschätzung der Aristokratie aufs beste in Einklang setzen, über deren damals in ihrem Werte schon stark angefochtene athletische Leistungen seine Dichtung ein schimmerndes Abendrot breitet.

Von Pindars Dichtungen, die 17 Bücher umfaßten und unter denen alle Gattungen der Chorlyrik vertreten waren, sind uns außer zahlreichen Bruchstücken nur die 4 nach den panhellenischen Festen der Olympien, Pythien, Nemeen und Isthmien geordneten Bücher der Siegesgesänge (Epinikien) erhalten, zu denen die Funde von Oxyrhynchos noch Reste des Buchs der Paiane gefügt haben. Jene sind teils aus eigenem Antrieb, teils auf Bestellung zur Aufführung durch einen Chor bei der Heimkehr des Siegers in seine Vaterstadt verfaßt und komponiert, wobei entweder der Dichter selbst oder ein einheimischer Chormeister den Vortrag dirigierte. Wurde er dafür auch in der Regel honoriert, so weist es Pindar doch weit von sich, ein Lohnschreiber zu sein, der sich seine Gedankenrichtung vorschreiben ließe (P. 11, 41f.). Diese ganze Dichtungsgattung ist Gesellschafts- und Gelegenheitspoesie und trägt durchaus persönlichen Charakter: der Chor ist das Sprachrohr des Dichters. Einige der Lieder scheint Pindar selbst in der Hofgesellschaft Hierons zur Kithara vorgetragen zu haben (O. 1, 16ff.) oder im Familienkreis Therons in Agrigent (O. 2); andere sind eine Art poetischer Briefe, wie die 2. und 3. Pythische Ode an Hieron, von denen man die erstere wegen ihres freundschaftlich mahnenden Tones mit Goethes an

Karl August gerichtetes Gedicht „Ilmenau" verglichen hat, und die 2. Isthmische an Thrasybulos, den Neffen Therons. Unecht ist ein Prozessionslied (O. 5). Versmaß und Melodie wiederholen sich nie mit einer einzigen Ausnahme (I. 3. 4). Die meisten Lieder sind in Triaden (Strophe, Gegenstrophe und Abgesang), nur wenige monostrophisch komponiert. Das Hauptstück eines jeden Gedichts bildet ein Mythus, der bald an den heroischen Ahnherrn des Siegers, bald an den Heros von dessen Vaterstadt, bald an den Stifter des Festes anknüpft. Außerdem weiß Pindar zahlreiche tiefsinnige Sentenzen einzuflechten. Die Krone der erhaltenen Lieder bildet die erste Pythische Ode mit ihrer wundervollen Ausmalung der Wirkung der Musik, der selbst der Adler auf dem Szepter des Zeus erliegt, und der gewaltigen Schilderung des schneebedeckten Ätna. Unter den neugefundenen Paianen verdient besonders der sechste Beachtung, in dem der gewaltsame Tod des Neoptolemos in Delphi mit seiner Ermordung des Priamos am Altar seines Hauses motiviert wird: eine Neuerung, wegen der sich Pindar später (N. 7, 48ff.) den grollenden Ägineten gegenüber entschuldigt. Ein anderer ist zum Vortrag durch einen Mädchenchor für ein Apollofest in Theben verfaßt (12), ein dritter für ein solches in Delos (10). Eine Heroenballade scheint der Dithyrambos „Kerberos" gewesen zu sein, von dem sich auch Reste in Oxyrhynchos fanden. Pindars Sprache ist der dorisierende Kunstdialekt der chorischen Lyrik mit äolischen Einschlag. Der Ausdruck schließt sich vielfach an das Epos an. Die Satzbildung ist nicht selten sehr verwickelt. Der Stil ist erhaben und feierlich, zuweilen verkünstelt. Konventionelle Formen ließen sich gerade in den Siegesliedern nicht immer vermeiden. doch hebt den Dichter seine starke sittliche Persönlichkeit stets über das Herkömmliche empor. Pindars Dichtung gehört nach Form und Inhalt zusammen mit dem archaischen Kunststil der Münchener Ägineten vom Tempel der Aphaia, für den er das Einweihungslied gedichtet hat (Paus. II 30, 3), und des von Hierons Bruder Polyzalos gestifteten delphischen Wagenlenkers, die ihre von den Alten gerühmte herbe Schönheit teilen.

Pindar genoß auch bei der Nachwelt das höchste Ansehen. In Delphi lud man noch lange bei den Götterfesten den frommen Sänger durch Heroldsruf zu Tische. Als Alexander Theben zerstörte, huldigte er dem griechischen Genius, indem er des Dichters Haus schonte. Im 3. Jahrhundert verfaßten Chamaileon und Istros Biographien von ihm. Das schönste Denkmal aber setzte ihm Horaz in seiner Ode auf den dirkäischen Schwan (IV 2), dessen Gesänge er mit Recht für unnachahmlich erklärte. Die alexandrinischen Grammatiker reihten Pindar neben Alkaios, Sappho,

Anakreon, Alkman, Stesichoros, Ibykos, Simonides und Bakchydes als letzten und größten unter die 9 klassischen Lyriker ein.

3. **Das Drama**

Auch die Anfänge der dramatischen Dichtung fallen noch in das 6 Jahrhundert. Die Keime dazu lagen in den Kulten der Bauerngottheiten. Diese erlangten unter der Herrschaft der Tyrannen, die sich gegen den aristokratischen Großgrundbesitz auf die Kleinbauern zu stützen pflegten, allmählich staatliche Geltung. Heilige Handlungen (Drómena) wurden in manchen Kulten, insbesondere in Eleusis, wo die Verehrung des Dionysos mit den Mysterien der Demeter eine merkwürdige Verbindung eingegangen hatte, den Eingeweihten vorgeführt. Beide Kulte gaben bald zu ernster Betrachtung, bald zu ausgelassener Heiterkeit Anlaß: jenes insofern in dem Absterben und Wiederaufblühen der Natur ein Symbol von Tod und Unsterblichkeit gefunden wurde, dieses insofern der Eintritt des Frühlings sowie im Herbst das Ernten der Früchte Freude und Lustigkeit auslöste. Wir hören von den „Brückenscherzen“ (γεφυρισμοί), Neckereien, die üblich waren, wenn die alljährlich von Athen nach Eleusis ziehende Prozession die schmale Brücke über den Kephissos überschritt. Und ähnlich waren in Aigina im Kult der dortigen Fruchtbarkeitsgöttinnen Damia und Auxesia von Frauenchören gesungene Spottlieder im Gebrauch (Her. 5, 83). Vor allem aber war es an den alten Dionysosfesten, den Lenäen und Anthesterien, Sitte, sich zu verkleiden und zu Fuß und zu Wagen unter allerlei Possen und Spöttereien umherzuziehen. Aus der Verbindung dieser kultischen Elemente mit den bisher geschaffenen Gattungen der Poesie entstanden die neuen Kunstformen der dramatischen Dichtung: die Tragödie, das Satyrspiel, die Komödie und der Mimus.

Die Anfänge der Tragödie. Die Tragödie erwuchs aus dem Dithyrambos, dem Kultlied für Dionysos, das die Erlebnisse des Gottes, seine wunderbare Geburt, seine Erziehung bei den Nymphen, seine Wanderungen, Verfolgungen und schließlichen Sieg über seine Gegner verkündigte. Die ländlichen Chorsänger kleideten sich dabei wohl in Bocksfelle, wie man sie sich bei den dem Dionysos folgenden Satyrn dachte, und wurden daher „Tragoi", d. h. Böcke, genannt, wovon das Lied seinen Namen erhielt. Mit der Zeit erhielt der Dithyrambos, da und dort nicht ohne Überwindung von Widerständen seitens der Bevölkerung, durch Einbeziehung heroischer Stoffe (vgl. Herod. 5, 67) einen mannigfaltigeren Inhalt und wurde so zur Heroenballade (s. S. 54). Lag schon in der von alters her im Kult üblichen Vermummung ein dramatisches Element, so wurde dies noch verstärkt, als dem Chor ein „Antworter" (ὑποκριτής) gegenübergestellt wurde. Dieser Schritt geschah in Attika durch Thespis aus dem Gau Ikaria. In Athen hatte unter Peisistratos der bisher in Eleutherai verehrte Dionysos am Südostabhang der Burg einen heiligen Bezirk mit einem Tempel und dazu ein neues Fest, die großen oder städtischen Dionysien, erhalten, die im Monat Elaphebolion (März-April) unter der Leitung des Archon Eponymos gefeiert wurden, während die im Gamelion (Januar-Februar) stattfindenden Lenäen dem Archon Basileus unterstanden. Damit, daß nun dem Dichter Thespis an den Dionysien des Jahres 534 zum erstenmal von Staats wegen ein Chor zugewiesen und ein Schauspieler gestellt wurde, war die Tragödie aus der Wiege gehoben. Sie blieb von da an gleich den sog. „Misterien" des deutschen Mittelalters, den Weihnachts-, Passions- und Osterspielen, ein Bestandteil des Kultus. Wer an dem festlichen Wettkampf sich beteiligen wollte, hatte bei dem Archon drei Tragödien und ein Satyrspiel (s. S. 63) einzureichen. Nur drei Dichter wurden zugelassen, von denen wieder einer am Ende der Aufführungen nach der Entscheidung eines Kollegiums von fünf Richtern mit dem Preise gekrönt wurde. Offizieller Sieger war übrigens der Chorege, d. h. der Bürger der höchstbesteuerten Vermögensklasse, der auf seine Kosten den Chor ausgestattet hatte. Er durfte auch ein Denkmal seines Sieges errichten. Über die Preisverteilung wurde eine Urkunde (διδασκαλία) aufgenommen. Der Ort der Aufführung war das im Bezirk des Dionysos an den Bergabhang sich anlehnende, ursprünglich aus Holz gebaute Theater, das erst im Anfang des 4. Jahrhunderts durch einen Steinbau ersetzt wurde. Die Zahl der tragischen Choreuten war ursprünglich 12, später (seit Sophokles) 15; die der Schauspieler stieg bis auf drei, von denen jeder für mehrere Rollen verwendet werden konnte. Sie spielten auf hohem Kothurn und in Masken, um ihre äußere Erscheinung über die gewöhnlichen menschlichen Maße ins Heroische emporzuheben. Die Aufführungen fanden in der Morgenfrühe statt. Es wurde ein Eintrittsgeld bezahlt, das in der Zeit der radikalen Demokratie den Bürgern aus der Staatskasse ersetzt wurde.

Als literarische Gattung ist die Tragödie eine Verbindung lyrischer und epischer Bestandteile: denn sowohl die erzählenden Partien (Botenberichte) als auch der Dialog war im Epos schon vorgebildet; und da die Tragödie ihre Stoffe in der Regel der Heldensage entnahm, die als Geschichte betrachtet wurde, mag man sie mit dem Grammatiker Diomedes (III 8, 2) als „Aufführung eines heroischen Geschicks" bezeichnen. Die neue Dichtungsgattung wurde aber auch das Gefäß eines neuen Geistes, dessen Wesen sich freilich schon vorher da und dort ankündigt. Schon das homerische Epos (Od. 1, 32ff.) streift gelegentlich die Frage nach dem Verhältnis von Schicksal und Schuld im Menschenleben. Durch die religiöse Bewegung des 6. Jahrhunderts (S. 34f.) war das Nachdenken darüber in verstärktem Maße angeregt worden. Wie im fernen Osten der Verfasser des Buches Hiob, so wirft bei den Griechen die Elegie (Solon 2, 14ff.; 12, 15ff.; Theogn. 373ff., 741ff.) diese das Menschenherz immer wieder bewegende Frage auf. Dieses Problem ist es auch, das den Geist der griechischen Tragödie ausmacht, wobei man bei dem Begriff Schicksal nicht nur an die äußeren Verhältnisse eines Menschenlebens denken darf, sondern vor allem den angeborenen Charakter des Helden einbeziehen muß nach dem heraklitischen Wort: „Des Menschen Sinnesart ist sein Schicksal".

Außer Thespis, von dem wir nur einige wenige Titel, darunter einen Pentheus, kennen, werden uns als älteste attische Tragödiendichter Choirilos und Phrynichos genannt. Sein erster Sieg fällt in die 67. Olympiade (511—508).

Außer heroischen Stoffen, wie der Danaiden-, Alkestis-Meleagersage („Pleuronierinnen") u. a., zog er auffallenderweise auch historische und zwar zeitgeschichtliche Vorgänge in den Kreis seiner Dichtung: so die „Eroberung Milets" am Ende des ionischen Aufstands, deren Vorführung ihm von dem hierdurch unangenehm berührten Volke sogar eine Geldstrafe zuzog (Herod. 6, 21), und die Schlacht bei Salamis in den im Jahr 476 aufgeführten „Phönizierinnen", in denen vielleicht die Frauen der umgekommenen Seeleute der persischen Flotte den Chor bildeten. Diesen stellte Themistokles und siegte damit. Zwei neuerdings gefundene Trimeter aus diesem Stück lehren uns, daß in diesen ältesten Tragödien noch ionische Dialogpartien vorkamen. Die Chorlieder, die gesungen wurden, behielten den hergebrachten dorisierenden Kunstdialekt bei.

Das Satyrspiel bewahrte den Ursprung aus volkstümlichen Mummereien getreuer als die Tragödie. Es entstand im nordöstlichen Peloponnes in Phleius und wurde von Pratinas, (s. S. 51), der übrigens auch Tragödien verfaßte, im Anfang des 5. Jahrhunderts nach Athen verpflanzt, wo es seine Stelle im dionysischen Agon erhielt (s. S. 61). Den Chor bildeten immer Satyrn. Auch diese Dichtungsgattung zehrte großenteils von den homerischen Gedichten, aus denen sie Stoffe auswählte, die zu einer possenhaften Behandlung lockten, wie z. B. das Kyklopenabenteuer der Odyssee oder die Schelmenstreiche des jungen Hermes, die der diesem Gott gewidmete Hymnus (S. 29) erzählt. Mitunter werden auch Märchenmotive verwendet.

Die dorische Komödie. Die Komödie hat ihren Namen vom Komos, dem lustigen Aufzug vermummter Personen, der an den Dionysosfesten die Straßen zu durchziehen pflegte und die Vorübergehenden verspottete. Dabei wurde wohl auch das Bild des Gottes selbst auf einem Schiffskarren (carrus navalis, daher Karneval) mitgeführt. Ihre künstlerische Gestaltung fanden diese volkstümlichen Scherze zuerst in den dorischen Kolonien Siziliens und der erste große Komödiendichter war **Epicharmos** aus Krastos im Gebiet der Sikaner (um 550—460), der in seinem Alter noch am Hof

Hierons in Syrakus verkehrte. Schon seinen Dichtungen ist die satirische Ader eigen, die das charakteristische Merkmal der echten Komödie ist. Er verfaßte teils Mythenparodien, mit denen er an die Götterburleske des Epos (s. S. 21. 50) anknüpfte, teils Typenkomödien, deren Gestalten dem wirklichen Leben entnommen waren. Zu den ersteren gehörte z. B. „Die Hochzeit der Hebe", in der die Musen als Fischweiber und Herakles als Feinschmecker und Vielfraß eingeführt waren, zu den letzteren „Der Bauer" und „Die Festbesucher", „Die Hoffnung oder der Reichtum", worin erstmals die Figur des Parasiten auftrat. Dis Komödie Epicharms zeigt auch einen eristischen Zug: so, wenn „Meer und Land" sich darüber stritten, wer von beiden den Menschen mehr Genüsse biete. Der Chor scheint in den epicharmischen Komödien noch sehr zurückgetreten zu sein. Der Dialog bewegte sich in jambischen Trimetern und trochäischen Tetrametern und war reich an tiefsinnigen Sentenzen, wie der berühmten:

Nüchtern sei und lerne zweifeln. Denn das ist des Geistes Mark.

Epicharmos war ein philosophischer Kopf, der z. B. Heraklit gut kannte (Fr. 170) und häufig philosophische Fragen berührte. Dies mag den Anlaß gegeben haben, daß ihm später Gedichte philosophischen Inhalts untergeschoben wurden. Platon (Theait. 152 E) stellt Epicharmos als Begründer der komischen Dichtung geradezu Homer als dem der „tragischen" gegenüber. Theokritos (Ep. 17) preist ihn als Erfinder der Komödie und Ennius hat unter seinem Namen und im Anschluß an ihn ein philosophisches Lehrgedicht verfaßt.

Der Mimos. Der Schöpfer dieser vierten Form der dramatischen Dichtung der Griechen war der Syrakusaner Sophron, der zur Zeit des Xerxes lebte. Seine Stücke, die zur Rezitation in Kostümen, aber ohne Szenerie, in der Orchestra oder bei Symposien bestimmt waren, waren derbkomische, ganz realistisch gehaltene, dem täglichen Leben entnommene Einzelszenen, in denen teils Männer, teils Frauen (je ausschließlich) auftraten. Auf den Inhalt lassen die Titel einigermaßen schließen: „Der Landmann", „Der Thunfischer", „Die Schwiegermutter", „Die Flickerinnen".

Zwei dieser Mimen, „Die Zuschauerinnen bei den Isthmien“ und „Die Mondbeschwörerinnen“, dienten dem Theokritos als Vorbild (Id. 15. 2). Die Sprache war rhythmisierte Prosa. Sophrons Mimen sollen eine Lieblingslektüre Platons gewesen sein, der sie in Sizilien kennengelernt haben wird.

B. Die Prosa

Die Poesie ist die erste Sprache der Völker. In ihr treibt die Phantasie ihr freies Spiel und malt die Taten früherer Geschlechter steigernd und verschönernd aus; in ihr schafft sich das Gefühl, Freude und Leid, Furcht und Hoffnung, Liebe und Haß, Bewunderung und Verachtung, seinen künstlerischen Ausdruck. Erst wenn der Trieb nach Erkenntnis erwacht und der kritische Verstand die Dinge rein sachlich zu erfassen strebt, wählt er für seine Untersuchung die schlichte Redeweise des Alltags, und es tritt in der Literatur neben die gebundene die ungebundene Rede. Freilich tritt diese Sonderung nicht mit einem Schlag ein und die Grenzen bleiben noch lange fließend: einerseits ist die älteste griechische Prosa kaum mehr als Umsetzung der von den Dichtern überlieferten Sagengeschichte in die ungebundene Form und andererseits greift auch der Forscher und Denker mitunter noch zur dichterischen Form, um seine Gedankengänge mitzuteilen. Dazu kommt, daß ein so hervorragend künstlerisch begabtes Volk wie die Griechen, es auf die Dauer nicht lassen konnte, auch der Prosaschriftstellerei einen künstlerischen Stil zu verleihen, wodurch nicht nur die Form, sondern oft genug auch der Inhalt der prosaischen Schriften eine dichterische Färbung erhielt. Eine Vorstufe der literarischen Prosa bildeten auch die auf den Marktplätzen und in den Schenken der Städte von wandernden Erzählern mündlich vorgetragenen und wohl unter orientalischem Einfluß geformten Märchen, Sagen und Novellen, auf die Herodot (I 1 Περσέων οἱ λόγιοι) anzuspielen scheint. Die beiden Gebiete, auf denen wir die Prosaschriftstellerei zuerst auftreten sehen, sind die Geschichtschreibung und die Philosophie (Historie und Sophie), beide, wie das Epos, Erzeugnisse des ionischen Geistes und daher auch in ionischer Sprache redend.

Die Anfänge der Geschichtschreibung. Die Geschichtschreibung ist die Tochter des Epos. Den Übergang von der einen literarischen Gattung zur andern bilden Werke wie die Dichtung des Aristeas von Prokonnesos über das fabelhafte Volk der Arimaspen (Herod. 4, 13ff., 116), das genealogische Epos eines Eumelos von Korinth (s. S. 28) und epische Gedichte, wie die des Xenophanes (S. 70) über die Gründung von Kolophon und Elea, woraus vielleicht Herodots Bericht (1, 167) geschöpft ist. Aber die Geschichtschreibung will nicht, wie diese Dichtungen, nur der Unterhaltung dienen, sondern über die Vorzeit zuverlässig unterrichten: sei es über die Geschichte vornehmer Familien in der Form der Genealogie, sei es über die Gründungsgeschichte von Städten, die sie auch meist auf einen im Epos verherrlichten Heros zurückführte. Es ist leicht verständlich, daß sich mit dieser Erforschung der Vorzeit ein geographisch-ethnologisches Interesse verband, das einem seefahrenden Volke wie den Griechen ohnedies im Blute lag, und so finden wir in der Tat bei den sog. Logographen (d. h. eigentlich Prosaschriftstellern), wie man die ältesten griechischen Geschichtschreiber (nach Thuk. 1, 21) zu nennen pflegt, Geschichte und Erdkunde in engem Bunde. Weitaus der bedeutendste unter ihnen ist **Hekataios** von Milet (um 500), ein weitgereister und auch politisch tätiger Mann, der Ägypten, Persien, Thrakien und das europäische Griechenland aus eigener Anschauung kannte und von dessen weitschauendem, staatsmännischem Blick es zeugt, daß er, auf seine Sachkenntnis gestützt, den ionischen Aufstand angesichts der Ungleichheit der beiderseitigen Machtmittel widerriet. Zugleich verrät es einen freien, aufgeklärten Geist, daß er, falls der Aufstand doch unternommen werden sollte, die Verwendung der Schätze des Apolloheiligtums in Branchidai zu Kriegszwecken empfahl (Herod. 5, 36). Er verfaßte eine Erdbeschreibung in zwei Büchern, deren eins Europa, das andere Asien nebst Ägypten und Libyen umfaßte. Darin schilderte er die Gründung von Städten, die Merkwürdigkeiten und Erzeugnisse der Länder und die Sitten der Völker. Herodot hat ihn, namentlich im zweiten und vierten Buch seines Werkes, viel, aber nicht ohne Kritik (2, 23. 143; 4, 36) benützt. Die Schrift war sozusagen der erklärende Text zu der von seinem älteren Landsmann Anaximandros (s. S. 69) entworfenen Erdkarte (Herod. 5, 49). Das zweite Werk, die Genealogien, in mindestens vier Büchern, behandelte die Sagengeschichte der Dorier und Ionier und führte die Geschichte der letzteren bis zur Gegenwart herab. Es begann mit dem stolzen Satze:

„So spricht Hekataios von Milet: Das Folgende schreibe ich, wie es mir wahr erscheint, denn die Erzählungen der Hellenen sind, wie mir vorkommt, mannigfaltig (d. h. widerspruchsvoll) und lächerlich."

Diesen Worten entsprechend übt er an den Sagen eine freilich noch recht primitive, rationalistische Kritik, indem er durch Ausscheidung der wunderhaften Züge die geschichtliche Wahrheit herausstellen zu können glaubt. Er zeigt sich damit als einen Sohn des beginnenden Zeitalters philosophischer Aufklärung, deren Ausgangspunkt seine Vaterstadt Milet bildete und um deren Förderung durch Erweiterung des geographischen und ethnologischen Horizontes die Mutterstadt so vieler Kolonien sich ein großes Verdienst erwarb.

Von den übrigen Logographen war wohl der älteste Akusilaos von Argos, dessen mit dem Chaos beginnende Genealogien kaum mehr als eine prosaische Paraphrase des Hesiod gewesen zu sein scheinen. Auf sichererem Boden bewegte sich Skylax von Karyanda (einer karischen Insel), der im Auftrag Darius I. 509 v. Chr. eine Entdeckungsfahrt vom Indus bis zum Roten Meer ausführte und diese in einer Schrift („Periplus") beschrieb (Herod. 4, 44), die leider schon dem späteren Altertum nicht mehr vorlag und durch eine untergeschobene ersetzt wurde. Außerdem erzählte er die Beteiligung des Königs Herakleides von Mylasa (in Karien) am ionischen Aufstand. Der Lydier Xanthos von Sardes führte die Geschichte seines Volkes bis auf seinen letzten König, Kroisos, herab. Eine Lokalgeschichte von Kyzikos verfaßte Deiochos von Prokonnesos, eine solche von Lampsakos der hier gebürtige Charon, der außerdem, wie auch Dionysios von Milet, eine persische Geschichte schrieb. Hippys von Rhegion und Antiochos von Syrakus, letzterer von Thukydides benützt, befaßten sich mit sizilischer Geschichte. Pherekydes von Athen, der erste attische Prosaiker, schrieb (aber wie die anderen in ionischem

Dialekt) zehn Bücher Genealogien, in denen u. a. der Skythenzug des Darius erwähnt war. Der jüngste der Logographen war Hellanikos von Mitylene, der in sehr hohem Alter am Ende des 5. Jahrhunderts starb. Außer einer lesbischen Lokalgeschichte gab es von ihm eine Geschichte des Troischen Kriegs, eine persische Geschichte und eine Atthis, die erste Geschichte Attikas, die bis zum Jahr 407 herabging. Obwohl er zuerst der Chronologie größere Aufmerksamkeit zuwandte, was seine Schriften über die Reihe der Herapriesterinnen in Argos und über die Liste der Sieger an den Karneen in Sparta bewiesen, arbeitete er nach dem Urteil des Thukydides (1,97) doch noch nicht sorgfältig genug. Immerhin war durch diese Vorarbeiten der Logographen der Geschichtschreibung großen Stils, wie sie Herodot in Angriff nahm, der Weg geebnet.

Die ionische Philosophie. In der religiösen Krisis des 6. Jahrhunderts eröffneten sich dem nach einer tieferen Welt- und Lebensanschauung suchenden Hellenen zwei Wege: entweder die orphische Mystik mit ihren Offenbarungen (s. S. 34f.) oder vernünftiges Denken und wissenschaftliches Forschen, d. h. die Philosophie, die vom Mythos zum Logos führte. Beide Wege verlaufen in der Entwicklung des griechischen Geisteslebens nicht völlig getrennt, sondern es führen Verbindungspfade herüber und hinüber. Ionien aber bleibt das Verdienst, die griechische Philosophie hervorgebracht und damit für die gesamte europäische Philosophie den Grund gelegt zu haben. Der Blick dieser ersten Denker wendet sich zunächst der umgebenden Welt, vor allem dem gestirnten Himmel zu, dessen Beobachtung für den Seefahrer auch von praktischer Bedeutung war. So ist die ionische Philosophie in der Hauptsache Naturphilosophie, die mit der Naturwissenschaft (Physik)noch eine vollkommene Einheit bildete. Das Hauptproblem, das sie beschäftigt, ist die Frage nach dem Ursprung der Welt, genauer nach dem Grundstoff aller Dinge; denn die Schöpfung oder Entstehung aus dem Nichts ist dem Griechen eine unvollziehbare Vorstellung. An diese grundlegenden Gedanken der drei Milesier (Thales, Anaximandros, Anaximenes) schließt sich die Frage nach der Möglichkeit der Veränderung, nach dem Verhältnis von Sein und Werden. Schroff treten sich hier zwei Systeme gegenüber, von denen das eine (die

Eleaten, besonders Parmenides) ein ewiges, unveränderliches Sein, das andere ebenso bestimmt einen steten Wechsel, ein unaufhörliches Werden und Vergehen behauptet (Herakleitos), beide einig in der Unzuverlässigkeit der Sinneswahrnehmung, bis schließlich drei jüngere Systeme (Empedokles, Anaxagoras, Demokritos) die Ewigkeit und Unveränderlichkeit auf die Elemente, die Grundbestandteile des Seienden, beschränken und Werden und Vergehen in relativem Sinn als deren Verbindung und Trennung, also bei den Einzelwesen, anerkennen. Das Problem des Lebens und der Seele ist für diese ältesten Denker von vornherein gelöst, weil für ihren „Hylozoismus" die Materie als solche belebt und beseelt ist, nur eben in verschiedenem Grade, wofür z. B. auf die Anziehungskraft des Magnets verwiesen wird. Doch wird von einigen unter ihnen die Frage nach dem Wesen des Geistes, des göttlichen sowohl als des menschlichen, auch schärfer erfaßt und mit dem Einströmen der Mystik in die Philosophie beim Pythagoreismus werden auch ethische und politische Fragen aufgeworfen. Der literarischen Form nach bedienen sich diese „Vorsokratiker", wie sie Fr. Nietzsche genannt hat, in ihren „Von der Natur" handelnden Schriften teils noch der dichterischen, teils der prosaischen Darstellung.

Als den Bahnbrecher der griechischen Philosophie nennt Aristoteles **Thales** von Milet, der zum Erstaunen seiner Landsleute mit Hilfe einer babylonischen Tabelle über Gestirnbeobachtungen, von der er auf seinen Reisen im Orient Kunde erhielt, die Sonnenfinsternis vom 28. Mai 585 auf das Jahr vorausberechnete (Herod. 1, 74). Den Grundstoff der Welt glaubte er im Wasser zu erkennen. Geschrieben hat er noch nichts, stand aber auch als Staatsmann in hohem Ansehen und galt der Nachwelt als erster der sog. 7 Weisen. Ihm folgte **Anaximandros,** der den Grund der Welt in einem grenzenlosen und unbestimmten Stoff (Apeiron) fand, aus dem die Dinge hervorgehen und in den sie wieder zurückkehren. Er machte sich in seiner Schrift, wahrscheinlich der ersten griechischen Prosaschrift (um 546), schon eigenartige Gedanken über die Entstehung der Gestirne und der lebenden Wesen, konstruierte einen Himmelsglobus und entwarf eine Erdkarte (s. S. 67) und faßte erstmals den großen Gedanken, daß die Erde, die er sich tamburinförmig dacht ., frei im Weltraum schwebe. Der dritte Milesier, Anaximenes, erklärte für den Grundstoff die Luft, durch deren Verdichtung und

Verdünnung er die Einzelwesen entstehen und vergehen ließ. Sie alle übertrifft an Größe der Gedanken **Xenophanes** von Kolophon, der 546 seine persisch gewordene Heimat verließ, um in Elea in Unteritalien sich niederzulassen. Wir lernten ihn schon als Elegien- und Ependichter kennen (S. 39. 66). Er trug auch seine philosophischen Lehren in dichterischer Form vor. Vor allem griff er die anthropomorphistische Religion Homers und Hesiods an und stellte den menschenähnlichen olympischen Göttern seinen Einen Gott gegenüber, der ganz Gedanke, ganz Auge und Ohr ist, ungeworden, unveränderlich und unbeweglich, und der mit der Kraft seines Geistes das Weltall in Schwung setzt. Er ist der erste Pantheist, der zugleich auch Wesen und Werden des Polytheismus durchschaute und Schillers Gedanken „In seinen Göttern malt sich der Mensch" vorwegnahm. Sein Schüler **Parmenides** machte unter Abstreifung des theologischen Charakters der Lehre aus dem Gott des Xenophanes das All-Eine, das ewig, unbeweglich und unveränderlich und nur mit dem Denken erfaßbar ist, während die uns von den Sinnen vorgetäuschte Veränderung, alles Werden und Vergehen, nur Schein ist. Diese Gedanken legte er in einem Gedicht aus schwerfällig gebauten Versen nieder, dessen bildlich zu verstehendes Prooimion schildert, wie er, von den Sonnenjungfrauen geleitet, emporfährt zu der Göttin, die ihm die Wahrheit offenbart. Zenon von Elea suchte die Lehre des Meisters durch scharfsinnige, aber teilweise spitzfindige Beweise zu stützen und einen weiteren Anhänger fand sie in Melissos von Samos, der als Feldherr seiner Vaterstadt (441) dem Perikles und Sophokles gegenüberstand. Inzwischen war in Ephesos der tiefsinnigste aller vorsokratischen Denker, **Herakleitos,** mit seiner Lehre hervorgetreten, die Parmenides (Fr. 6,4ff.) bekämpft. Nach ihm bildete das Grundwesen der Welt das ewige, ruhelose, vernunftbegabte Feuer, das deshalb auch Logos und Dike heißt. Es ist in ununterbrochenem Wandel (in Luft, Wasser, Erde und umgekehrt) begriffen, der sich mit unbedingter Gesetzmäßigkeit vollzieht. Einheit, Gesetzmäßigkeit und ewige Veränderung — „alles ist im Flusse" — sind die Grundeigenschaften des Seienden, das in unsichtbarer Harmonie alle Gegensätze in sich schließt. Diese tiefe Wahrheit geht freilich bloß dem Denker auf, nicht der ein bloßes Traumleben führenden Masse der Menschen, auf die der aristokratische Philosoph mit tiefer Verachtung herabsieht. Das Buch des „Dunkeln" war schwer verständlich, selbst für einen Sokrates, wozu die, wie es scheint, aphoristische Fassung seiner Gedanken das ihrige beitrug. Den scheinbar unversöhnlichen Gegensatz zwischen Herakleitos und den Eleaten suchten die drei letzten großen Systeme der vorsokratischen Philosophie zu überbrücken. Im Westen, in Agrigent, stellte **Empedokles** in seinem naturphilosophischen Lehrgedicht die Lehre von den 4 Elementen (Erde, Wasser, Luft und Feuer) auf, die mehr als zwei Jahrtausende die europäische Physik beherrschen sollte. Diese vier Elemente, durch die Kräfte der Liebe und des Hasses bald verbunden und bald getrennt, konstituieren die in ewigem Kreislauf periodisch abrollende Weltordnung. Aber Empedokles war nicht nur Physiker, sondern auch Mystiker; er will die Natur nicht nur erkennen, sondern auch beherrschen und fühlt sich als Prophet, der andern den Weg zum Heil weisen kann. Dies tritt noch deutlicher als in dem naturphilosophischen Gedicht in dem „Sühnelied" (Katharmoi) hervor, in dem er als Verkünder der orphischen Seelenwanderungslehre (s. S. 34) auftritt. So kreuzt sich in seiner Person die ionische Philosophie mit der orphischen Mystik, die **Pythagoras** von Samos um 540 zuerst mit der ionischen Wissenschaft verschmolzen hatte. Wir wissen von ihm nur, daß er einerseits Mathematik und Astronomie pflegte, was ihn wohl veranlaßte, die Zahl, also ein geistiges Prinzip, für das Wesen der Dinge zu erklären, und andererseits die orphische Seelenwanderungslehre aufnahm. Nach Kroton ausgewandert, stiftete er dort einen Bund, dessen Mitglieder sich zu „pythagoreischer Lebensweise", d. h. zur Enthaltung von Fleischnahrung und Bohnen und zum Zusammenleben in einem politisch aristokratisch gerichteten Freundeskreis verpflichteten, dem auch Frauen angehörten. Zu den wissenschaftlich hervorragenden Mitgliedern des Bundes gehörten der Arzt Alkmaion von Kroton, der (um 500) im Gehirn das Zentralorgan der seelischen Funktionen erkannte, und Philolaos, der erste bedeutende literarische Vertreter des Pythagoreismus. Das wissenschaftliche Verdienst der Pythagoreer besteht in der Entdeckung der Kugelgestalt der Weltkörper und in der Verdrängung der Erde aus dem Mittelpunkt der Welt, an dem sie ein Zentralfeuer annahmen. — Das zweite Kompromißsystem ist das des **Anaxagoras** von Klazomenai, der die ionische Philosophie zuerst nach Athen trug und dort, mit Perikles befreundet, fast 30 Jahre lebte, bis ihn ein Asebieprozeß vertrieb (432): denn er hatte die Sonne für eine glühende Steinmasse und den Mond für eine zweite Erde erklärt. Er nahm als Grundbestandteile der Welt eine Unzahl „Samen" an, die Aristoteles Homoiomerien nennt und deren jeder Teile von allen Stoffen, nur von Einem in überwiegender Menge, enthalten sollte. Diese Urstoffe sind ewig und unveränderlich: was man „Werden" heißt, ist ihre Verbindung, was „Vergehen", ihre Trennung. In Bewegung gesetzt werden sie aber durch den Geist (Nus), der zwar auch feinster Stoff, aber doch von allem andern gesondert ist. Er ist es, der das Chaos zum Kosmos umbildet. Dieses geistige Prinzip glaubte das dritte Vermittlungssystem, das die Überlieferung auf den uns nur dem Namen nach bekannten Leukippos zurückführt, als dessen Hauptvertreter aber dem ganzen Altertum **Demokritos** von Abdera galt, entbehren zu können. Dieser verlegte die Bewegung in die Materie selbst, in die Atome, die sich im leeren Raum in Wirbelbewegung befanden und auf rein mechanischem Weg zusammenballten. Die Qualitäten werden einzig und allein aus der verschiedenen Form und Lagerung der Atome erklärt. Auch hier besteht das Werden in der Verbindung, das Vergehen in der Scheidung der Atome, die selbst ewig sind. Trotz dieser materialistischen Naturanschauung war Demokritos einer der größten Idealisten, vom reinsten Eifer für die Erkenntnis beseelt, und einer der vielseitigsten und gewandtesten Schriftsteller, von dessen Werken uns leider, wie von der gesamten ionischen Philosophie, nur wenige Trümmer erhalten sind. Seine Physik erneuerte später Epikur, und Lucretius verkündigte sie zur Zeit Ciceros in begeistertem Gesang den Römern als die Erlösung von allem abergläubischem Wahn. Durch seine Vermittlung vor allem hat die Atomistik das Denken der Neuzeit von der Renaissance an aufs nachhaltigste befruchtet.

Die Anfänge der Medizin. Am frühesten löste sich aus der philosophischen Spekulation die Medizin als Einzelwissenschaft los. Schon Homer kennt Ärzte (Il. 11, 514 Od. 17, 384) und aus Herodot (3, 131) erfahren wir, daß die Ärzte von Kroton und Kyrene sich eines großen Rufes erfreuten. Von den ersteren haben wir den Pythagoreer Alkmaion (S. 71) schon kennengelernt. Sein Landsmann Demokedes trat, reich honoriert, in den Dienst verschiedener griechischer Städte, des Tyrannen Polykrates von Samos und schließlich des Perserkönigs Darius I., an dessen Hof er die ägyptischen Ärzte ausstach (Herod. 3, 125. 129ff.). An Empedokles schloß sich in seinen Schülern Pausanias und Akron die sizilische Ärzteschule an, aus der im 4. Jahrhundert Philistion hervorging. Das Volk suchte freilich vielfach Hilfe bei der an den Kult des Asklepios sich knüpfenden Tempelmedizin. An einigen dieser Kultstätten scheint sich aber aus der priesterlichen Medizin schon frühe auf Grund gesammelter Erfahrungen ein mehr wissenschaftlicher Betrieb der Heilkunde herausgebildet zu haben, besonders in Knidos und Kos, wo wir förmliche Ärzteschulen treffen. Dem aus Thessalien in Kos eingewanderten Geschlecht der Nebriden, das sich von Asklepios ableitete, entstammte **Hippokrates** (geb. um 460) Zeitgenosse und Freund des Demokritos, der Begründer der wissenschaftlichen Medizin der Griechen, gestorben um 370 zu Larissa in Thessalien[1]). Von den 72 im Corpus Hippocraticum überlieferten Schriften hat er die ältesten, der zweiten Hälfte des 5. Jahrhunderts angehörigen, verfaßt. Außer einigen chirurgischen Schriften gehört ihm die Schrift „Von der Heiligen Krankheit", in der er gegen die Auffassung der Geisteskrankheiten, besonders der Epilepsie, als einer eigenen Gattung dämonischer Krankheiten protestiert und sie als natürliche Erkrankungen des Gehirns auch auf natürliche Weise, anstatt durch magische Mittel, geheilt wissen will. Ebenso stammt von ihm die Schrift „Über Luft, Wasser, Lage", in der die Wichtigkeit der klimatischen Umwelt für das körperliche Befinden und die geistige Leistungsfähigkeit des Menschen aufgezeigt wird; ferner das „Prognostikon", das von der Möglichkeit der Voraussicht des Verlaufs von Krankheiten handelt, und das 1. und 3. Buch der „Epidemien", die seine Tätigkeit als Wanderarzt in Nordgriechenland erkennen lassen, während das 2., 4. und 6. wenigstens mittelbar auf ihn zurückgehen. Allen diesen Schriften gemeinsam ist die meteorologische Medizin, die Gesundheit und Krankheit des Menschen von den Einwirkungen des ihn umgebenden Kosmos abhängig denkt. Gegen die Beeinflussung der Medizin durch die spekulative Philosophie, wie sie in der Schrift „Von der Diät" vorliegt, wendet sich die Schrift „Von der alten Medizin" (c. 20), die aber eine andere Geistesrichtung verrät als die ersten hippokratischen Schriften. Ein schönes Denkmal der den Stand der griechischen Ärzte beseelenden humanen Gesinnung ist auch der uns erhaltene Eid, den sie vor Beginn ihrer Praxis abzulegen hatten und der zugleich eine Urkunde für den Übergang vom kastenartig geschlossenen Betrieb zur freien Ausübung des Berufs darstellt.

[1]) Des Zusammenhangs halber mußte hier die Grenze des Zeitabschnitts überschritten werden.

II. Buch

Von den Perserkriegen bis auf Alexander den Großen

Durch seine Leistungen und Opfer in den Perserkriegen hatte sich Athen die politische Führung in Griechenland errungen. Zugleich hatte sich Attika aus einem Ackerbau treibenden Lande in eine See- und Handelsmacht verwandelt und dem Austausch der Güter folgte der Austausch der Gedanken mit fremden Ländern und Völkern. Der zunehmende Wohlstand des Bürgertums ermöglichte einen mächtigen Aufschwung des künstlerischen und des ganzen geistigen Lebens in dem an den verschiedenartigsten Talenten reichen Gemeinwesen. Wenn daher auch die ionische Literatur in diesem Zeitraum noch fortdauert, so verschiebt sich doch der Schwerpunkt der literarischen Produktion aus den Küstenstädten Ioniens nach Attika: die Übersiedelung eines Anaxagoras aus seiner ionischen Heimat nach Athen ist geradezu symbolisch. Nach kaum einem Menschenalter darf Athens größter Staatsmann diese Stadt mit ihren Künstlern, Dichtern, Denkern, Geschichtschreibern und Rednern die geistige Metropole Griechenlands nennen (Thuk. 2, 40f.). Auch der politische Zusammenbruch Athens im peloponnesischen Kriege änderte an dieser im perikleischen Zeitalter errungenen geistigen Vormachtstellung nichts. Wer in der Literatur etwas gelten wollte, der mußte in Athen seine Probe bestehen, und so sehen wir von allen Seiten die geistigen Größen der griechischen Stämme nach der Hauptstadt Attikas wandern, um hier sich und ihre Werke bekanntzumachen, was trotz des allmählich beginnenden Buchhandels immer noch meist durch öffentliche Vorlesungen zu geschehen pflegte. Kein Wunder, daß sich nun auch die attische Sprache die Literatur erobert und sie unbeschadet der den einzelnen Dichtungsgattungen eigenen typischen Kunstdialekte vor allem in der Prosa auf lange Zeit beherrscht. Zugleich darf diese attische Periode der griechischen Literatur ihrem geistigen Charakter nach als die Zeit der griechischen Aufklärung bezeichnet werden, die sich nun freilich in Athen, anders als in Ionien, nicht kampflos durchsetzte, sondern in den wiederholten Religionsprozessen schwere Zusammenstöße zwischen den über die hergebrachten Vorstellungskreise hinausgewachsenen führenden Geistern und der an der Sitte der Väter hängenden Masse des Volkes veranlaßte. Diese jetzt beginnende Absonderung einer wissenschaftlich gebildeten Oberschicht aus der geistig zurückbleibenden Menge erinnert uns, daß wir in die Neuzeit Griechenlands eintreten.

A. Die Dichtung

1. Das Drama

Die attische Tragödie. Der größte Tag der griechischen und der athenischen Geschichte, der Tag der Schlacht bei Salamis (28. Boedromion 480), soll nach der Überlieferung auch für die attische Tragödie verheißungsvoll gewesen sein: denn an diesem Tag — so hören wir — kämpfte Aischylos in der Schlacht mit, der sechzehnjährige Sophokles führte den Siegesreigen der Epheben an und Euripides wurde auf dem Landgut seiner nach der Insel geflüchteten Eltern geboren. Damit ist das Altersverhältnis der drei Dichter, welche die Entwicklung der attischen Tragödie verkörpern, im wesentlichen richtig bestimmt.

Aischylos, aus vornehmer Familie in Eleusis geboren (525—456), gehörte noch der Generation der Marathonskämpfer an. Sein Bruder Kynegeiros war in dieser Schlacht an seiner Seite gefallen, und er selbst wollte in seiner Grabschrift nur von seinem Kampf für das Vaterland, nicht von seinen Tragödiensiegen geredet wissen (Paus. I 14, 5; Ath. XIV 627 C). Seinen ersten Preis gewann er 484. Er ist der eigentliche Schöpfer der griechischen Tragödie. Durch Hinzufügung des zweiten und später (nach Sophokles' Vorgang) des dritten Schauspielers ermöglichte er erst einen wirklichen Dialog und schränkte zu dessen Gunsten die ursprünglich einen sehr breiten Raum einnehmenden Chorpartien allmählich ein. Auch den Prolog vor dem Auftrittslied des Chors führte er ein. Insbesondere aber leitete er sich aus der athenischen Sitte, immer drei Tragödien zugleich einzureichen, das Gesetz der trilogischen Komposition ab, dessen Durchführung nach seinem Vorbild wir noch an Schillers Wallenstein, Grillparzers Goldenem Vlies, Hebbels Nibelungen und Wagners Ring des Nibelungen bewundern. Seine Stoffe entnahm er meist dem Epos und wenn er seine Stücke bescheiden „Brocken von dem reichen Mahle Homers" nannte, so hat man dabei nicht nur an die Ilias und Odyssee, sondern auch an die kyklischen Gedichte (S. 26ff.) zu denken. Eine tief fromme Natur, wie sein Zeitgenosse Pindar, strebte er nach Läuterung der Religion und selbst ein Konflikt mit den herrschenden Anschauungen wegen angeblicher Entweihung der Mysterien blieb ihm nicht erspart. Seine ganze Tragödie ist von religiösem Geist erfüllt. Seiner persönlichen Besonderheit sich wohl bewußt (Ag. 757), bedient er sich namentlich der Chorlieder, um auf die Gesichtspunkte hinzuweisen, unter denen er Welt und Menschenleben betrachtet wissen will. Zeus erweitert sich ihm zum absoluten Weltgrund (Hel. Fr. 70):

Zeus ist der Äther, Zeus die Erd', der Himmel Zeus;
Zeus ist die Welt und was noch höher als die Welt.

Dieser religiöse Pantheismus hat aber nichts mit der ionischen Aufklärung zu tun, die er vielmehr unzweideutig ablehnt (Ag. 369ff.), sondern schließt sich eher an orphische Spekulationen an, obwohl von der Seelenwanderungslehre sich keine Spur findet. Aischylos bleibt ganz Grieche und ganz im Diesseits. Kern und Stern seiner Weltanschauung ist der Glaube an die Gerechtigkeit der göttlichen Weltregierung. Der sündigende und leidende Mensch ist nicht nur mechanisch, sondern organisch in das Weltgeschehen eingegliedert. Nicht in jedem Beliebigen nimmt der Fluchgeist (Alastor) Wohnung, sondern nur in dem, dessen Natur sich dazu eignet. Weil aber jede böse Tat neues Böse erzeugt, vererbt sich diese verhängnisvolle Anlage durch Generationen. Die Individualität des Menschen selbst aber ist das Werk der Gottheit (Ag. 927):

Nicht böse sein ist Gottes größte Gabe.

Die Idee des Alastor ist für den Dichter so grundlegend, daß er sie aus der heimischen Sage nicht ohne Künstlichkeit sogar auf das Schicksal des Xerxes überträgt (Pers. 353f.). Das Leiden aber, das die Gottheit dem frevelnden Menschen auflegt, soll ihn zur Selbsterkenntnis und Besonnenheit führen (πάθει μάθος Ag. 112). So ist die Tragödie des Aischylos durchweg von religiösem und sittlichem Geist erfüllt. Die Personen, die er auf die Bühne stellt, sind daher im wesentlichen typisch gehalten, wenn sich auch Ansätze zu individueller Charakteristik zeigen, und sie sind Heroen im vollsten Sinn, das menschliche Mittelmaß weit überragend. Zu diesen gigantischen Gestalten paßt auch die gewaltige, insbesondere in den Chorliedern „erhabene Worte aufstürmende" Sprache, wie Aristophane (Frösche 1004) sagt. Und mit dieser Tragödie größten Stils wollte Aischylos, dem es mit seinem Dichterberuf ein heiliger Ernst war, Lehrer und Erzieher seines Volks zu frommem Bürgersinn und kraftvoller Vaterlandsliebe sein (Arist. Frösche 1055f.). Fast ein halbes Jahrhundert hat er die athenische Bühne beherrscht. Doch verließ er auch mehrmals die Heimat, um nach Sizilien zu reisen. Wie Pindar verherrlichte auch Aischylos die Gründung von Aitnai durch Hieron mit einem Festspiel „Die Aitnaierinnen" und auch die „Perser" hat er in Sizilien nochmals aufgeführt. Dort, in Gela, ist er auch gestorben.

Von Aischylos' Tragödien sind uns nur 7, etwa der zehnte Teil seiner Werke, erhalten und darunter nur Eine vollständige Trilogie. Als das älteste Stück gelten wegen ihrer dramatischen Technik die Hiketiden. Doch hat der große Umfang der Chorpartien seinen Grund darin, daß hier der Chor selbst die kollektive tragische Person und Hauptträger der Handlung ist. Das Stück behandelt die Flucht des Danaos und seiner Töchter vor den Söhnen des Aigyptos, mit denen sie gewaltsam vermählt werden sollten. Sie finden beim König der Argiver Schutz. Es folgten die „Aigyptier" mit der Hochzeit und der Ermordung der neuvermählten Gatten und dann die „Danaiden", in denen Hypermestra, die allein ihren Gemahl Lynkeus am Leben gelassen hatte, deshalb vor ein Gericht gestellt, aber auf die Fürsprache der Aphrodite freigesprochen wurde. Die realistisch gezeichnete Figur des ägyptischen Herolds im ersten und der Prozeß im dritten Stück bereiten den Wächter im „Agamemnon“ und die „Eumeniden“ vor. — Die Perser wurden 472 durch Perikles als Choregen auf die Bühne gebracht. Das Stück verherrlicht nach dem Vorgang des Phrynichos (S. 62) den Sieg von Salamis und spielt gleichfalls am Hofe in Susa, wo die Königin-Mutter Atossa, von beängstigenden Träumen getrieben, den Geist des Dareios beschwört und dann von einem Boten den ausführlichen Bericht über die Niederlage entgegennimmt, bis der geschlagene König selbst im Trauergewande heimkehrt. Die Perser bildeten das Mittelstück einer Trilogie, von deren beiden andern Stücken der „Phineus“ wohl auf den Zug der Perser durch Thrakien hindeutete, der „Glaukos Potnieus“ (von Potniai in Böotien) der Siege bei Platää (Fr. 38) und Himera (Fr. 32) gedachte. Mit großer Kunst verbindet der Dichter in den Persern die nationale mit der sittlich-religiösen Idee. — Die Sieben gegen Theben (467) sind das Schlußstück zu Laios und Oidipus. In dieser Trilogie hat Aischylos die Sage dahin geändert, daß er die Söhne und Töchter des Oidipus zu Kindern der Jokaste (statt der Euryganeia, wie in der Oidipodie Paus. IX 5, 11) machte. In dem Botenbericht über die feindlichen Helden (375ff.) wurde die Charakteristik des Amphiaraos (besonderes 575) vom Publikum allgemein auf Aristeides gedeutet. Wundervoll ist in diesem Drama „voll kriegerischen Geistes“ (Arist. Fr. 1021) die Kraftgestalt des zum Tode entschlossenen Eteokles (653ff.) gezeichnet. Die Echtheit der Schlußszene (861ff.) mit dem Verbot der Bestattung des Polyneikes und der Weigerung der Antigone, ihm zu gehorchen, ist umstritten. Die einen sahen darin das Bindeglied zu einer Aufführung der sophokleischen Antigone, die andern den Keimpunkt zu der Schöpfung des jüngeren Dichters. — Der gefesselte Prometheus ist ein Götterdrama. Prometheus, der Angehörige des alten titanischen Göttergeschlechts, leidet als Wohltäter der Menschheit unter der Gewaltherrschaft des Zeus, des Hauptes der „jungen Götter“. Der Titane ist im Vergleich mit der Rolle, die er bei Hesiod spielt, wo er den Zeus nur überlistet, entschieden veredelt. Dort hat Zeus den Menschen das Feuer zur Strafe für ihre Frevel genommen; hier enthält er es ihnen willkürlich vor. Auch Jo, deren Einführung zu einem großen geographischen Exkurs Gelegenheit gibt, erscheint als ein Opfer seiner Grausamkeit. Im „Befreiten Prometheus“ muß die Erlösung des Dulders durch Herakles erfolgt sein um den Preis der Enthüllung eines Geheimnisses, das die Herrschaft des Zeus bedrohte; aber auch Zeus mußte die Schöpfung des Prometheus anerkennen. „Prometheus der Feuerbringer" bildete wahrscheinlich das dritte Stück der Trilogie, die — ähnlich der Orestie — mit der Einsetzung eines Kultes des Prometheus endete. Das Stück weist mindestens Spuren einer späteren Überarbeitung auf. Neuerdings wurde es mit gewichtigen Gründen dem Aischylos abgesprochen und als ein unter der Einwirkung der Sophistik stehendes Monodrama zu erweisen versucht[1]). Ganz erhalten ist die Orestie, das Gewaltigste und Tiefste, was die dramatische Dichtung der Griechen hervorgebracht hat. Im Agamemnon kehrt der König siegreich von Troja heim, von Klytaimestra mit heuchlerischer Freude und Ehre bewillkommnet, gefolgt von Kassandra. Zum Grandiosesten gehört es, wie die Seherin, noch vor dem Palast stehend, in der Ekstase die gräusige Ermordung des Königs schaut und dann das Haus in dem Bewußtsein betritt, demselben Schicksal entgegenzugehen. Abweichend von der Überlieferung macht Aischylos die ruchlose Gattin zur alleinigen Mörderin, um so den Muttermord noch stärker zu motivieren. In den Choephoren (Grabspenderinnen) kehrt der als Kind zum König Strophios in Phokis geflüchtete Orestes, von seinem Freund Pylades begleitet, heim und vollzieht im Auftrag Apollons, von seiner Schwester Elektra erkannt und im Einverständnis mit ihr, die Rache an der Mutter und ihrem Buhlen Aigisthos. Aber kaum ist die Tat getan, so heften sich auch schon die Rachegöttinnen an seine Sohlen. Die Eumeniden, deren Inhalt offenbar freie Erfindung des Dichters ist — denn daß er einem „apollinischen Epos" folgte, ist ganz und gar unerweislich — führen den Verfolgten vor, wie er im Tempel zu Delphi Hilfe sucht, während die von Apollon in Schlaf versenkten Erinyen ihn umlagern. Er erhält die Weisung, sich dem Gericht des Areopags in Athen zu stellen. Die Erinyen treten als Anklägerinnen, Apollon als Verteidiger des Orestes auf. Die Abstimmung ergibt Stimmengleichheit. Da erscheint Athena und legt ihren Stimmstein zu den freisprechenden Stimmen. Die Erinyen werden durch Einrichtung ihres Kultes versöhnt und verwandeln sich in die Segen spendenden Eumeniden. — Das letzte und vollendetste Werk des Aischylos ist ein Bekenntnis. Nicht um eine Göttertragödie handelt es sich, wie die Auseinandersetzung Apollons mit den alten Fluchgeistern nahelegen könnte anzunehmen, sondern um die Tragödie des Menschen. Orestes ist der Typus des schuldig — unschuldigen Menschen: die Gottheit läßt ihn schuldig werden und die Gnade der Gottheit spricht ihn frei. Die Abhängigkeit des menschlichen Handelns von der Gottheit,

[1]) W. Schmid, Gesch. d. gr. Lit. I 3 (1940) S. 281ff.

die in letzter Linie selbst Ursache des Guten und des Bösen ist (kannten doch die Griechen keinen Teufel), befreit weder von dem Gefühl der Schuld noch von der Verantwortlichkeit noch von den Folgen der Schuld: denn alle Schuld rächt sich auf Erden. Nur die Gottheit selbst kann davon erlösen. Das ist des Dichters Versuch, das Lebensrätsel zu lösen, das ist für ihn der Sinn der „Schicksalstragödie". Zugleich klingt sein Schwanengesang aus in einen Preis seiner Heimat Athen und ihres altehrwürdigen Gerichtshofs, dessen Rechte gerade damals die fortgeschrittene Demokratie eingeschränkt hatte.

Sophokles (496—406), der Sohn des Waffenfabrikanten Sophillos, stammte aus den industriellen und wohlhabenden Kreisen Athens und bekleidete im Unterschied von den beiden andern großen Tragikern wiederholt hohe Staatsämter: 443/2 war er Hellanotamias, d. h. Mitglied der Verwaltung des Bundesschatzes und 441 im Krieg gegen Samos sogar Stratege an der Seite des Perikles. Ja, es scheint, daß er als hochbetagter Greis bei der oligarchischen Revolution des Jahres 411 noch in den Regierungsausschuß der zehn Probulen gewählt wurde (Arist. Rhet. 3, 18). Beweist schon diese Teilnahme am öffentlichen Leben einen starken Wirklichkeitssinn, so erfährt dieser eine Bestätigung durch das rege Interesse, das der Dichter dem empirischen Wissen entgegenbringt (Fr. 759) und das sich in einer Reihe von Anspielungen auf Stellen im Geschichtswerk Herodots bekundet. Daß ihn mit diesem persönliche Freundschaft verband, bezeugt das Bruchstück einer Elegie, die der Dichter im Alter von 55 Jahren an den Historiker richtete. Seine erste siegreiche Tragödie, der „Triptolemos" (468), enthielt einen langen geographischen Exkurs, zu dem die Fahrten dieses den Getreidebau verbreitenden eleusinischen Heros Gelegenheit boten. Daß Sophokles auch den Freuden des Lebens nicht abhold war, berichtet uns der ebenfalls mit ihm befreundete Dichter und Philosoph Jon von Chios in seinem „Reisetagebuch", dem ersten Werk dieser Gattung. Als Dichter arbeitete Sophokles, der von Aischylos sagte, er tue das Rechte, ohne es zu wissen (Ath. I 22 A), mit bewußt künstlerischer Absicht, die selbst Unwahrscheinlichkeiten in Nebendingen nicht scheute, wenn in der Hauptsache dadurch eine starke Bühnenwirkung erzielt wurde. Er war es, der den dritten Schauspieler einführte, wodurch in die dramatische Technik eine freiere Bewegung kam und der Dialog erweitert und lebendiger gemacht werden konnte, und der den Chor von 12 auf 15 Personen vermehrte. Diese Neuerung begründete er in seiner Schrift „Über den Chor", zu der Schillers entsprechende Abhandlung eine Parallele bietet. Er ließ die trilogische Komposition fallen und kehrte zum Einzeldrama zurück. Seine Hauptstärke liegt in der spannenden Führung der Handlung, bei der er die tragische Ironie in meisterhafter Weise zu handhaben weiß, und in der durchgearbeiteten individuellen Charakterzeichnung der Hauptpersonen, die er nicht selten durch Kontrastierung noch mehr heraushebt. Seine Personen haben nicht mehr den gigantischen Zuschnitt der aischyleischen Gestalten, aber sie verleugnen doch nie die heroische Haltung; nur den Figuren aus den unteren Volksschichten leiht der Dichter oft sehr realistische Züge, manchmal mit einem Stich ins Komische. Den Typus der Heldenjungfrau hat er geradezu geschaffen. Der Dialog steigert sich bald zu höchster Leidenschaftlichkeit, bald verläuft er in einer fast erkältend wirkenden logischen Schärfe. Große Schönheit zeigen die Chorlieder, die dem Dichter mitunter als Organ zur Äußerung seiner heiligsten Überzeugungen dienen. Sophokles steht durchaus auf dem Boden der heimischen Religion und in einer Zeit, da diese von der Philosophie und Sophistik schon in ihren Grundfesten erschüttert wurde, führte er sogar einen neuen Kultus, den des Asklepios, in Athen ein und war Priester des mit ihm verwandten Heilheros Amynos. Ja man erzählte sich, er sei einer Erscheinung des Gottes in seinem Hause gewürdigt worden, weshalb er selbst nach seinem Tode als Heros Dexion verehrt wurde. Auch dem Herakles, der ihm durch eine Traumerscheinung zur Entdeckung eines Tempelräubers verhalf, stiftete er eine Kapelle (Cic. de div. 1, 54) und er soll den ersten Verein von Bühnenkünstlern gegründet haben, der sich dem Schutz der Musen unterstellte. Und doch ist seine Frömmigkeit anderer Art als die des Aischylos: sein offenes Auge sieht die Ungerechtigkeiten, ja Grausamkeiten des Lebens und erkennt sie als solche an. Er behauptet nicht, wie der ältere Tragiker, die Gerechtigkeit der göttlichen Weltregierung, aber er ist durchdrungen von der Hoheit und Macht der Götter, der Nichtigkeit und Ohnmacht der Menschen, und beugt sich ohne weiteres Grübeln dem unerforschlichen göttlichen Walten. Denn ein Aufbäumen gegen das Schicksal ist sinnlos: „Die Würfel des Zeus fallen immer gut" (Fr. 809). Auch unbegreiflichen und scheinbar unsittlichen Weisungen der Götter hat man zu folgen; „denn nichts ist bös, was Götter je befehlen" (Thyest. Fr. 226). Über das Grab blickt er kaum hinaus; ihm ist als echtem Griechen das Diesseits das wirkliche Leben, in dessen Betrachtung sich im Greisenalter, vielleicht gefördert durch Zerwürfnisse in seiner Familie, ein pessimistischer Zug mischt. Sechzig Jahre lang war Sophokles der Liebling der athenischen Bühne und seine harmonische Persönlichkeit spricht noch heute zu uns aus den ruhigen und festen Zügen der Lateranischen Marmorstatue.

Von seinen 123 Dramen, die ihm 24 Siege einbrachten, während Aischylos nur 13, Euripides nur 5 errang, sind uns 7 Tragödien und ein Satyrspiel erhalten. Unter diesen Stücken ist wahrscheinlich das älteste die im Jahr 442 aufgeführte Antigone[1]), die uns den Dichter schon auf der vollen Höhe seiner Kunst zeigt. Das Geschick der Heldin beruht hier auf dem Konflikt zwischen den ungeschriebenen Gesetzen der Pietät, welche die Bestattung des gefallenen Bruders Polyneikes verlangen, und dem Gebot des Herrschers, der sie dem Landesfeind versagt. Der heroische Charakter der hochdenkenden, aber herben Antigone, die schon ganz mit dem Leben abgeschlossen hat, hebt sich düster ab von der lichten Folie ihrer liebenswürdigen, aber mädchenhaft schwachen Schwester Ismene. Kreon, ein Fürst von den besten Absichten, aber eigenwillig und an Selbstüberschätzung leidend, ohne jedes Verständnis für das Irrationale im Leben, stürzt sich und die Seinen, Sohn und Gattin, durch die Betätigung dieser Eigenschaften ins Verderben, am Schluß äußerlich Sieger, aber innerlich gebrochen, von Antigone gerade durch ihren Tod überwunden. In diesen beiden Hauptpersonen siegt zugleich die Religion über den verstandesstolzen Rationalismus, der auch in dem berühmten Triumphlied auf die menschliche Kultur (332 ff.) in seine Schranken

[1]) So auch v. Wilamowitz Gr. Tr. IV 340.

gewiesen wird. — Zu den älteren Stücken gehört nach seiner dramatischen Technik jedenfalls auch der Aias, den aber Anspielungen auf zwei im Jahr 438 aufgeführte Tragödien des Euripides, Kreterinnen und Telephos (vgl. 1102f. mit Tel. Fr. 723, v. 1295ff. mit Schol. z. St.), unter die Antigone herabrücken. Der erste Teil behandelt den Selbstmord des wegen seiner Überhebung von Athene in Wahnsinn versetzten Helden, der alle Vorbeugungsmaßregeln seiner ihm treu ergebenen Gemahlin Tekmessa zu vereiteln weiß, der zweite den Streit zwischen seinem Halbbruder Teukros und den beiden Atriden um seine Bestattung, in dem zuletzt Odysseus zugunsten seines früheren Gegners vermittelt. — König Oidipus, wohl erst nach 429, d. h. nach der furchtbaren, Athen verheerenden Pest verfaßt, wird an Straffheit der Komposition und Wucht der tragischen Wirkung von keiner andern Tragödie übertroffen. Das Stück gilt als Urbild der „Schicksalstragödie", weil darin alles durch Orakel vorherbestimmt ist; man darf aber dabei nicht übersehen, daß der Charakter des Oidipus auch hier dem unverbrüchlichen Verlauf des Schicksals organisch eingegliedert ist geradeso wie die Gestalten des Aischylos. Die Hauptsache aber ist dem Dichter, am Geschick des Oidipus zu zeigen, wie der Mensch so gar nichts ist gegenüber der Macht der Götter und ihrer ewigen Gesetze. Es ist eine Rettung der sowohl durch Philosophie und Sophistik als durch die entsittlichenden Wirkungen der Pest (Thuk. II 47. 52. 53) schwer erschütterten Religion, die für ihn mit der Mantik steht und fällt. Dies beweist das zweite Standlied des Chors (863ff.), das Herzstück der Tragödie. Die Trägerin des aufgeklärten Unglaubens ist hier Jokaste (707ff., 977ff.); aber auch Oidipus selbst überhebt sich im Vertrauen auf seine Klugheit (391ff., 398). Die Handlung selbst liegt dem Beginn des Stückes schon voraus, in dem sich nur die immer neue überraschende Wendungen nehmende Selbstentdeckung des unseligen Vatermörders abspielt. — Die Elektra entspricht dem Mittelstück der äschyleischen Orestie. Sophokles überbot hier den älteren Meister einmal in der Steigerung des Charakters der mit ihrer sanfteren Schwester Chrysothemis, kontrastierten Elektra ins Unweibliche und dann im Aufbau der Handlung dadurch, daß die Falschmeldung vom Tode des Orestes nicht nur Klytaimestra in Sicherheit wiegt, sondern auch Elektra täuscht, die nun, verzweifelt, selbst die Rache ausführen will. Der Umschlag der Stimmung in der Erkennungsszene mit dem Bruder aus tiefster Trauer in jubelnde Freude gehört zu dem Ergreifendsten, was je auf einer griechischen Bühne gespielt wurde. Der Muttermord bildet, weil gottgewollt, für Sophokles kein sittliches Problem. Deshalb bleiben auch die Erinyen am Schluß dem Orestes fern. Das Stück ist höchstwahrscheinlich vor dem gleichnamigen euripideischen, also vor 413, verfaßt. — Die beiden nächsten Stücke weisen dagegen den unverkennbaren Einfluß des jüngeren Rivalen Euripides auf. Dahin gehört in den Trachinierinnen, deren Stoff dem Epos des Kreophylos „die Eroberung Oichalias" (s. S. 28) entnommen scheint (vgl. auch Bakchylides 15), die Einführung des Herakles als tragischen Helden, der vor dem Herakles des Euripides nur in Komödie und Satyrspiel als possenhafte Figur aufzutreten pflegte, der monologische Prolog am Anfang und die Vermählung von Hyllos und Jole am Schluß des Stücks, sowie Hyllos blasphemische Reden (1266ff.) und nicht zum wenigsten die Zeichnung der schwachen, aber treu liebenden Hauptheldin Deianeira, die, nachdem sie wider ihren Willen, den von der „Krankheit" der Liebe zu Jole ergriffenen Gemahl durch das Nessoshemd ins Verderben gestürzt hat, sich selbst den Tod gibt. — Die Abholung des auf Lemnos verwundet ausgesetzten und deshalb den Griechen grollenden Philoktetes nach Troja, das ohne ihn und seinen Bogen nicht erobert werden kann, haben alle drei großen Tragiker behandelt. Dem Dion von Prusa (Rede 52, 15) lagen noch die sämtlichen Bearbeitungen vor und er gibt der des Sophokles (409) den Vorzug, die uns allein erhalten ist. Auch dieses Stück verrät den Einfluß des Euripides, besonders in der Einführung des Herakles als deus ex machina am Ende. Echt sophokleisch ist dagegen die Kontrastierung der Charaktere des Odysseus und Neoptolemos. Jener ist mit Überbietung der ihm schon von Homer geliehenen Schlauheit als der über alle sittlichen Grundsätze sich hinwegsetzende Machtpolitiker im Sinn des radikalen Flügels der gleichzeitigen Sophistik gezeichnet, dem gegenüber die ritterliche und wahrhaftige Denkweise des jungen Neoptolemos ins hellste Licht tritt. — In dem Werk seines höchsten Greisenalters, dem 407 verfaßten und erst 401 von dem gleichnamigen Enkel aufgeführten Oidipus auf Kolonos griff Sophokles nochmals auf die Labdakidensage und das rätselhafte Geschick des Oidipus zurück und führte es zu einem versöhnenden Abschluß, wie der greise Goethe seinen Faust. Schon in dem älteren Stück (1455ff.) war angedeutet, daß der so wunderbar gerettete Oidipus zu etwas Besonderem ausersehen sei. Das wird hier ausgeführt. Wohl ist sein Unglück noch nicht zu Ende: er erlebt noch den Streit der Söhne, die er mit seinem Fluch belegt. Aber er hat das Gefühl seiner Unschuld wiedergewonnen (266ff., 526ff., 969ff.), ja er weiß sogar, daß er am Ende seines Lebens noch andern zum Segen werden soll. Im Hain der Erinyen beim Kolonos Hippios in Attika wird er auf geheimnisvolle Weise entrückt. Durch diese schließliche Verklärung des

Unglücklichen zum Heros wird auch die Gottheit von ihrer scheinbaren Ungerechtigkeit entlastet (1565ff. im Gegensatz zu K. O. 828ff.). Indem der Dichter den unglücklichen Dulder in Attika seine Ruhe finden läßt, wird das Drama, besonders in dem wundervollen Preislied auf Kolonos (668ff.), zu einer Verherrlichung Athens, während zugleich auch ein schwermütiger Ton in dem „Nichtgeborensein ist das beste“ (1211ff. 1224) uns entgegentönt. In der Komposition macht sich wieder die Nachahmung euripideischer Technik bemerkbar: wie der Philoktetes des Euripides (431) von Achäern und Troern umworben wurde, so hier Oidipus von Kreon und Polyneikes. Auch die Führung des blinden Vaters durch Antigone ist aus Euripides „Phönizierinnen“ übernommen. — Die zahlreichen Bruchstücke verlorener Tragödien sind durch Funde in Oxyrhynchos vermehrt worden um ein Fragment aus der „Achäerversammlung“ (Achain Syllogos), worin nach den Kyprien die Heilung des Telephos durch Achilleus nach Entdeckung seiner hellenischen Abkunft behandelt war: also ein Schauspiel mit glücklichem Ausgang, jedenfalls vor dem „Telephos“ des Euripides (438) verfaßt; ferner um einen Rest der bisher ganz unbekannten Tragödie Eurypylos, in der der Tod dieses Sohnes des Telephos und Neffen des Priamos durch Neoptolemos (Od. 11, 519ff.) auf die Bühne gebracht war. Den weitaus wertvollsten Fund bilden die umfangreichen Überreste des Satyrspiels „Die Spürhunde“ (Ichneutai), das die im homerischen Hymnus auf Hermes (S. 29) erzählte heitere Geschichte von dem Rinderdiebstahl des jungen Gottes zum Gegenstand hat. Ihm kommt Apollon mit Hilfe des von Silenos geführten Satyrnchores, der von der Bergnymphe Kyllene die Streiche des Götterkindes erfährt, auf die Spur. Das Stück brachte auch eine metrische Überraschung: eine Dialogpartie in jambischen Tetrametern.

Euripides (480—406) scheint seiner Herkunft nach dem grundbesitzenden Mittelstand anzugehören, in dem er selbst das Rückgrat des Staates erblickt. Am öffentlichen Leben hat er sich nicht als aktiver Politiker beteiligt, wie er denn eine durchaus theoretisch veranlagte Natur war, aber seine Dichtungen zeigen, daß er die politischen Geschicke seiner Vaterstadt mit wärmster Teilnahme verfolgte. Eine Zeitlang erhoffte er das Heil Athens, wie viele seiner Mitbürger, von Alkibiades. Vielleicht war dessen zweite Verbannung (407) der Grund, der ihn veranlaßte, einer Einladung des makedonischen Königs Archelaos (Thuk. 2, 100) an seinen Hof nach Pella zu folgen, der eine Reihe in Literatur und Kunst hervorragender Persönlichkeiten zu sich berief: den Maler Zeuxis, den Dichter und Musiker Timotheos von Milet, den athenischen Tragiker Agathon, den Epiker Choirilos von Samos und vielleicht auch den Geschichtschreiber Thukydides. Hier verfaßte der greise Dichter seine letzten Werke, hier fand er seinen Tod und sein Grab. Euripides, der uns als eine grüblerische und zur Melancholie neigende Persönlichkeit geschildert wird, ist bei weitem der subjektivste unter den drei großen Tragikern und darin liegt seine Stärke wie seine Schwäche. Der „Philosoph der Bühne", wie ihn schon das Altertum nannte, war ganz der Sohn des perikleischen Zeitalters, in dem die Philosophie und Sophistik ihren Einzug in Athen hielt. Er besaß die erste größere Privatbibliothek, von der wir hören, und er zeigt sich in der älteren wie in der zeitgenössischen Philosophie und in der sophistischen Bildung aufs beste bewandert. Es ist daher wohl glaublich, daß Protagoras in seinem Hause verkehrte, daß er mit Anaxagoras befreundet war und daß Sokrates sich von seinen Dramen besonders angezogen fühlte. Denn alle die Zeit bewegenden Fragen auf religiösem, politischem und sozialem Gebiet werden von ihm aufgerollt. Wesen und Wirkungsweise der Gottheit, das Verhältnis des Menschen zu ihr, die beste Form des Staates, die Einrichtung der Sklaverei, Armut und Reichtum, Adel und Bürgertum, Nationalität und Kosmopolitismus, der Anspruch der Frauen auf Bildung, körperliche und geistige Erziehung der Jugend: alles das wird in seinen Dramen gelegentlich erörtert. Sie sind gewissermaßen der Sprechsaal des damaligen Athens und geben ein Echo aus den Hörsälen der Philosophen und Sophisten. Es ist nicht immer deutlich, welche Stellung er selbst zu den berührten Fragen einnimmt; aber zuweilen (z. B. Troad. 884ff., 889) unterstreicht er die Äußerung einer dramatischen Person so deutlich, daß sie als seine eigene Meinung gelten kann. Wenn er auch bei der weiten Spannkraft seines Geistes hie und da die Mystik zu Worte kommen läßt, so ist er doch im Grunde Rationalist. Er nimmt zu aller Überlieferung eine kritische Stellung ein und bewegt sich namentlich gegenüber der hergebrachten Religion in den polemischen Geleisen eines Heraklit und Xenophanes. Im Gegensatz zu Sophokles (S. 82) mißt er die Religion am Maßstabe der Vernunft und Sittlichkeit (Bell. Fr. 292, 7):

Wenn Götter Böses tun, sind's keine Götter.

Obwohl man bei dem Dichter kein geschlossenes philosophisches System suchen darf, so kann er doch nach seiner ganzen Denkweise als der Herold der griechischen Aufklärung bezeichnet werden, der er von der Bühne aus in weitesten Kreisen Bahn gebrochen hat.

Aber gerade durch diese seine philosophische Ader geriet Euripides in einen unheilbaren Zwiespalt mit den Mythen, die ihm den Stoff zu seinen Tragödien lieferten und die ihm doch durch und durch fragwürdig geworden waren. Denn den Schritt von der heroischen zur rein geschichtlichen oder gar bürgerlichen Tragödie hat weder er noch sonst ein Grieche getan. So werden bei ihm die tragischen Helden ihres heroischen Charakters entkleidet und steigen in die Sphäre des Alltags herab, weshalb Nietzsche treffend von ihm sagte, er habe „den Zuschauer auf die Bühne gebracht". Euripides verhält sich zu Aischylos und Sophokles etwa wie Ibsen zu Goethe und Schiller. Er dichtet seine Stoffe um und verfaßt oft ganze Thesendramen: so griff er im „Phoinix" das Erziehungsproblem, in der „Weisen Melanippe" den Wunderglauben auf, im „Aiolos" (vgl. Od. 10, 4) gar die von den Griechen in Persien und Ägypten beobachtete Geschwisterehe. Auch in der Form lockerte sich bei ihm die Tragödie. Der Chor tritt sehr zurück; dafür greifen aber die lyrisch-musikalischen Partien so stark in den Dialog über, daß Euripides nahe daran war, durch die Einführung zahlreicher Arien (Monodien) und Duette die Tragödie zur Oper umzubilden. In der musikalischen Komposition scheint er unter dem Einfluß des neue Bahnen einschlagenden Dithyrambendichters und Musikers Timiotheos von Milet gestanden zu sein, den er auch seinerseits bei anfänglichen Mißerfolgen ermutigte. Eingeleitet wird bei Euripides jedes Stück durch einen monologischen Prolog, der die Exposition enthält, und abgeschlossen meist durch das Auftreten einer Gottheit, den sog. deus ex machina, die entweder den unlösbar gewordenen Knoten der Handlung zerhaut oder doch einen Blick in die Zukunft über die ferneren Schicksale des Helden eröffnet. Die Stücke sind lauter Einzeltragödien: nur in ganz abgeschwächtem Sinn glaubt man zuweilen eine trilogische Gruppierung nach dem Sagen- oder Ideenzusammenhang wahrzunehmen. In der Führung der Handlung zeigt Euripides eine Vorliebe für starke Verwicklung und schafft teilweise förmliche Intrigenstücke. Sein ausgesprochener Realismus, der ihn auch erstmals Kinder auf die Bühne bringen ließ, trat auch in der Kostümierung der Personen hervor. Über alle diese Neuerungen, nicht zum wenigsten über die angeblich unsittlichen Charaktere der euripideischen Dramen, gießt Aristophanes seinen aus echter Entrüstung entspringenden Spott aus. Doch hat Euripides, den die Komödie ganz mit Unrecht zum Weiberfeind stempelte, auch eine Menge edler Persönlichkeiten geschaffen und das Motiv der Aufopferung für einzelne oder für das Vaterland kehrt bei ihm mehrmals wieder, wobei es nicht selten Frauen sind, die sich opfern. Euripides ist der Dichter der Leidenschaft und deshalb nennt ihn Aristoteles den „am meisten tragischen“ unter den drei großen Meistern. Gerade die Frau hat erst er recht eigentlich für die Bühne entdeckt nach ihren guten und schlimmen Seiten und eine Reihe seiner Frauengestalten, eine Medea und Phaidra, eine Alkestis und Iphigenie, sind seither aus der Weltliteratur nicht mehr verschwunden. In seinem dramatischen Stil zeigt er sich von der sophistischen Rhetorik abhängig. Seine Sprache ist eine veredelte Umgangssprache; besonders aber wendet er die Kunst der Eristik in ausgedehnten Redewettkämpfen seiner Personen an, wobei diese zuweilen gänzlich aus ihrer Rolle fallen. So wenig Anerkennung der Dichter zu seinen Lebzeiten fand, so beliebt war er bei der Nachwelt. Genau das Gegenteil von der Prophezeiung des Aristophanes (Frösche 868) trat ein: er wurde in den folgenden Jahrhunderten geradezu der Tragiker, dessen Stücke immer und immer wiederholt wurden, der auch noch auf der römischen Bühne von Ennius bis Seneca fortlebte und dessen Werke noch im 12. Jahrhundert einem byzantinischen Dichterling dazu dienen mußten, die Tragödie seines „leidenden Christus" mosaikartig daraus zusammenzusetzen.

In dem halben Jahrhundert seiner Bühnentätigkeit (455—406) führte Euripides 88 Dramen auf, von denen uns 18 erhalten sind. 17 Tragödien und ein Satyrspiel, dazu der die Dolonie (Il. X) dramatisierende unechte Rhesos. Das älteste unter diesen Stücken ist die Alkestis (438). Sie vertrat trotz des ernsten Vorwurfs, der Aufopferung der Gattin für das Leben des Mannes, die Stelle eines Satyrspiels, da Herakles, der zum Schluß dem Tode seine Beute abringt, darin als komische Figur eingeführt ist (vgl. S. 50. 64). — Es folgt die Medea (431), in der Euripides den Typus der in ihrem Heiligsten verletzten, aber auch zu grausamster Rache entschlossenen Frau auf die Bühne brachte. Der Kindermord als Mittel dieser Rache ist die eigene Erfindung des Dichters, der in der Heldin den Kampf der Rachsucht mit der Mutterliebe aufs ergreifendste durchführte. Zugleich machte er aus der Zauberin, die er in seinem ersten Stück, den Peliaden, eingeführt hatte, die bildungsdurstige Frau seiner eigenen Zeit. — Im Hippolytos (428), der die verhängnisvolle Liebe der Phaidra zu ihrem Stiefsohn in meisterhafter Zeichnung der nicht erwiderten Leidenschaft vorführt, sind dreierlei Motive ineinander gearbeitet: das Potipharmotiv, das des spröden Jägers und das von Stiefmutter und Stiefsohn. Das zweite ist verstärkt und modernisiert, indem der Held als Anhänger orphischer Askese gekennzeichnet ist. — Dem troischen Sagenkreis gehört die Hekabe an. Wie in der Medea die verletzte Gattenliebe, so ist es hier die ins Herz getroffene Mutterliebe, die ihren Schmerz in wilder Rache kühlt: im bitteren Weh über den Verlust der dem Schatten des Achilleus geopferten Tochter Polyxena und des von dem Thrakerkönig Polymestor getöteten Sohnes Polydoros weiß die greise Königin diesen Fürsten in ihre Schlinge zu locken und ihn durch Blendung sowie durch Tötung seiner Söhne zu bestrafen. — Eine antispartanische Tendenz tragen die beiden folgenden Stücke. In der Andromache ist Menelaos der Vertreter spartanischer Brutalität, der mit seiner Tochter Hermione, der Gemahlin des Neoptolemos, beschließt, in dessen Abwesenheit die ihm als Beute zugeteilte einstige Gattin Hektors zu ermorden, was nur durch die Dazwischenkunft des Peleus verhindert wird. Orestes aber führt, nachdem Neoptolemos in Delphi erschlagen worden ist, in Hermione die ihm einst geraubte Braut heim. — Die Herakliden feiern die Aufnahme der vor Eurystheus flüchtigen Herakleskinder durch den König Demophon in Athen.

Der Herold Kopreus ist hier der Typus spartanischer Gewalttätigkeit. Die Schwester Makaria opfert sich freiwillig, um dadurch ihren Brüdern und dem mit ihnen verbündeten Athen den Sieg zu verbürgen. — Im Herakles führt Euripides diesen Helden erstmals als tragische Figur ein. Er befreit seine Familie von der Bedrängnis durch den Usurpator Lykos, wird aber dann auf Befehl Heras durch Lyssa in Wahnsinn versetzt und erschlägt in einem äußerst naturalistisch geschilderten Tobsuchtsanfall Frau und Kinder. Vom Selbstmord hält den wieder zum Bewußtsein erwachten die Freundschaft des Theseus ab. Das Stück enthält heftige Ausfälle gegen die volkstümliche Vorstellung von Zeus und Hera (1340ff.).— Der Ion ist ein in Delphi spielendes Intrigenstück mit glücklichem Ausgang, worin Kreusa, die Gemahlin des Xuthos, ihren vorehelichen Sohn von Apollon als Tempeldiener des Gottes wiederfindet. — Die Hiketiden haben die gastliche Aufnahme des Adrastos und der Mütter der vor Theben gefallenen Helden zum Gegenstand. Um 420 verfaßt, hat das Stück eine unverkennbare politische Tendenz im Sinn einer Befürwortung des nach dem Nikiasfrieden von Alkibiades angestrebten Bündnisses mit Argos. In einem Redewettstreit (399ff.) tritt Theseus als Fürsprecher der Demokratie dem die Monarchie verteidigenden thebanischen Herold gegenüber und in einer Auseinandersetzung mit Adrastos wird der alte König gar zum Träger einer Theodizee (195ff.) gemacht, die sich vielleicht gegen eine pessimistische Lebensbetrachtung richtete. — Die Troerinnen (415) bestehen aus einer Anzahl lose aneinander gereihter Bilder kriegerischen Elends, die nur durch die Person der Hekabe einigermaßen zusammengehalten werden. Menelaos ist auch hier wieder der Typus des verhaßten Spartanertums. Zum Schluß fährt die griechische Flotte in das von den Göttern über sie beschlossene Verderben. Wollte der Dichter vor der sizilischen Unternehmung warnen? Aber im ersten Standlied des Chors (220ff.) klingt es wie freudige daran geknüpfte Hoffnung. — In der Elektra (403), die stofflich dem gleichnamigen Stück des Sophokles und den Choephoren des Aischylos entspricht, übt Euripides nicht nur in Einzelheiten, sondern grundsätzlich Kritik an seinen Vorgängern: daß ein Gott zur Erfüllung der Blutrache den Muttermord befehlen könne, ist ihm und seinem Helden unverständlich (974ff.). Mit besonderer Liebe ist der einfache, anständige Landmann gezeichnet, mit dem Elektra, von Klytaimestra genötigt, in einer Scheinehe lebt. Sie wird nach vollzogener Rache auf Befehl der Dioskuren von Pylades heimgeführt. Mit einem Anblick auf die vor Syrakus liegende Flotte schließt das Stück. — In der Helena (412), einem der Komödie sich nähernden

Schauspiel mit glücklichem Ausgang, schließt sich Euripides der Erfindung des Stesichoros (S. 49) an, daß nur ein Scheinbild der Helena mit Paris nach Troja gezogen sei. Sie selbst blieb in Ägypten zurück, wo sie Menelaos auf der Heimfahrt findet und dem um sie werbenden Königssohn Theoklymenos abringt. — Eine der schönsten Tragödien sind die von Schiller z. T. übersetzten Phönizierinnen, das Seitenstück zu Aischylos' „Sieben". Den Botenbericht des älteren Meisters ersetzte Euripides durch die der Ilias (3, 161ff.) nachgebildete Teichoskopie (88ff.). Besonders schön ist der Gegensatz zwischen den feindlichen Brüdern, dem um sein gutes Recht kämpfenden Polyneikes und dem als skrupelloser Herrenmensch nach dem Ideal der radikalsten Richtung der Sophistik gezeichneten Eteokles herausgearbeitet, den die hier noch lebende Mutter Jokaste mit ihrem Versöhnungsversuch vergebens zu überbrücken sich bemüht. Die Selbstaufopferung von Kreons Sohn Menoikeus bringt den Thebanern den Sieg. Nach dem Tod der Brüder im Wechselkampf nimmt sich Jokaste das Leben und der blinde Oidipus wandert, von Antigone geführt, in die Verbannung. — Aus den Geschicken des Atridenhauses schöpfte der Dichter noch den Stoff für drei weitere Stücke. Die Heimholung der durch Artemis entrückten Schwester durch Orestes in der Iphigenie in Tauris ist Euripides' eigene Erfindung. Das wohlgelungene Schauspiel hat schon dadurch, daß es Goethe die Anregung zu seiner überlegenen Neudichtung gab, weltgeschichtliche Bedeutung. — Viel unerfreulicher ist der Orestes, das letzte von Euripides in Athen aufgeführte Stück (408). Der Muttermörder ist von Tyndareus, der den Widersinn der Blutrache nachweist, in Argos vor Gericht gestellt und soll verurteilt werden. Er wendet sich an den mit Helena heimkehrenden Menelaos vergeblich um Hilfe und will deshalb im Bunde mit Pylades und Elektra an seinem Hause Rache nehmen. Dies verhindert Apollon: Helena wird in den Himmel entrückt, Menelaos nach Sparta als in sein Herrschaftsgebiet verwiesen. Orestes wird sich mit Hermione, Pylades mit Elektra vermählen. Mit dieser Doppelhochzeit schlägt, wie schon die Alten bemerken, die Tragödie in die Komödie um. Bemerkenswert ist der in diesem ganzen Stück herrschende Naturalismus, der sich in der Niedrigkeit der Charaktere, in der Einführung des phrygischen Sklaven und in der Verwandlung der den Orestes verfolgenden Erinyen in Halluzinationen eines Geisteskranken ausspricht sowie in der Schilderung der argivischen Volksversammlung (866ff.) mit ihren Ausfällen gegen die radikale Demokratie und ihrem Preis des grundbesitzenden Mittelstands. — Am Hof in Pella verfaßte Euripides noch die gleichfalls von Schiller übersetzte

Iphigenie in Aulis, die aber erst sein gleichnamiger Sohn nach des Vaters Tod auf die Bühne brachte, und die Bakchen, eine religionspsychologische Tragödie, die den orgiastischen Dionysoskult in seinen hinreißenden, aber auch furchtbaren Wirkungen, besonders auf die in der Ekstase zu rasenden Mänaden werdenden Frauen vorführt, aber keineswegs eine Rückkehr des Dichters zum alten Glauben bedeutet. — Von geringer Bedeutung ist das einzige erhaltene Satyrspiel, der Kyklop, in dem das bekannte Abenteuer des Odysseus (Od. 9) dramatisiert und in dem ungeschlachten Riesen zugleich die neumodische sophistische Übermenschenmoral karikiert wird. — Außer den vollständigen Dramen sind uns noch eine große Menge Bruchstücke verlorener Tragödien erhalten, nicht wenige bei christlichen Schriftstellern wie Clemens von Alexandria, für welche die Werke des Euripides ein wahres Arsenal bildeten, aus dem sie ihre schärfsten Waffen zur Bekämpfung des Polytheismus holten. Neuerdings haben diese durch Papyrusfunde in Ägypten, die uns auch einen Abschnitt aus der Euripidesbiographie des Peripatetikers Satyros (um 200 v. Chr.) bescherten, eine ansehnliche Vermehrung erfahren, die namentlich den Tragödien Antiope, Kreter, Die weise Melanippe, Die gefangene Melanippe, Oineus, Stheneboia, Hypsipyle und Phaethon zustatten kam. Mit der Rekonstruktion des letzteren hat sich schon Goethe befaßt. Die gefangene Melanippe enthielt, wie wir jetzt wissen, eine förmliche Apologie des weiblichen Geschlechts gegen den Tadel der Männerwelt (Fr. 6; vgl. S. 88). Eine Glanzszene der Antiope war der Redewettstreit des ungleichen Zwillingspaares Amphion und Zethos, die der Dichter als Vertreter des theoretischen und des praktischen Lebens einander gegenübergestellt hatte, schon von Platon im Gorgias (485 E ff.) verwertet. Aber auch die nicht bestimmten Stücken zuweisbaren Fragmente enthalten noch viele echte Perlen wie jenes, das das Glück und die sittliche Wirkung wissenschaftlicher Forschung preist (Fr. 910). Dem Dichter schwebte dabei wohl das Bild des Anaxagoras vor; aber es ist ihm auch selbst aus dem Herzen gesprochen und wir hören diese Seligpreisung noch bei Virgil (Georg. 2, 490) nachklingen: „Felix qui potuit rerum cognoscere causas.“

Die übrigen Tragiker. Außer den drei großen Meistern, die bald nach ihrem Tod als Klassiker anerkannt und durch Aufstellung ihrer Statuen in dem von Lykurgos erbauten steinernen Theater geehrt wurden und von deren Werken derselbe Staatsmann eine amtliche Ausgabe als Grundlage für künftige Aufführungen herstellen ließ, gab es noch eine ganze Wolke tragischer Dichter zweiten und dritten Rangs: lebte doch das Athen des 5. Jahrhunderts von lauter neuen Stücken. In Neophron von Sikyon haben wir nicht einen Vorgänger, sondern einen Nachfolger des Euripides in der Bearbeitung der Medeasage zu erblicken. Agathon, bekannt als der Gastgeber in Platons Symposion, das zu Ehren seines Tragödiensiegs (416) veranstaltet wird, suchte die Tragödie in neue Bahnen zu lenken, indem er nicht nur die gorgianische Rhetorik und die neue Dithyrambenmusik auf sie übertrug, sondern in einer wahrscheinlich „Antheus" betitelten Tragödie es auch wagte, Fabel wie Personen frei zu erfinden (Arist. Poet. 9)[1]. Kritias, der bekannte oligarchische Staatsmann, Verwandter Platons und eine Zeitlang Schüler des Sokrates, ließ eine Tetralogie (Tennes, Rhadamanthys, Peirithoos, Sisyphos) unter dem Namen des Euripides aufführen. Ein langes Bruchstück aus dem genannten Satyrspiel ist für die damaligen sophistischen Theorien über den Ursprung von Religion, Moral und Recht von höchstem Interesse. Im 4. Jahrhundert finden sich wieder einige Beispiele historischer Tragödien: Theodektes aus Phaselis in Lykien, ein Schüler des Platon und Isokrates, feierte den im Jahr 352 verstorbenen Satrapen von Karien, Maussollos, in einem noch ihm benannten Drama und Moschion, der sogar auf einem der Silberbecher von Boscoreale erscheint, behandelte in einem „Themistokles" den Tod des Siegers von Salamis und in den „Pheraioi" den Untergang des Tyrannen Alexander von Pherai (358). Außerdem haben wir von ihm ein umfangreiches Bruchstück über die Entstehung der Kultur (Fr. 6), das nahe Verwandtschaft mit dem Mythus in Platons Protagoras (S. 105) verrät und vermutlich aus derselben Quelle wie dieser schöpft. Die Kyniker Diogenes und Krates endlich schrieben humoristisch-parodistische Lesedramen, um die Rückkehr zur Natur von der Tyrannei der Sitte zu empfehlen.

Die altattische Komödie. Schon in den ersten Jahrzehnten des 6. Jahrhunderts soll die auf dorischem Boden erwachsene Komödie von Susarion, dessen Geschichtlich-

[1]) Vgl. v. Wilamowitz, Platon I 358, 1.

keit aber äußerst fragwürdig ist, nach Attika verpflanzt worden sein, wo sie an einheimische volkstümliche Possen anknüpfen konnte (S. 60). Einige Vasenbilder aus der zweiten Hälfte des 6. Jahrhunderts beweisen jedenfalls, daß schon damals phantastisch verkleidete Chöre auftraten: Vögel und Ritter, welch letzteren vermummte Sklaven als Rosse dienen, daneben die Beischrift: „Trage, Schimmel, trage!" Aber erst im Jahr 488/7 wurde die Komödie in den festlichen Agon der Dionysien und Lenäen aufgenommen. Damals siegte als erster Komödiendichter Chionides, der in Magnes einen ebenbürtigen Rivalen hatte (Aristoph. Ritter 520ff.). Von da an wurden an den Dionysien je 3, an den Lenäen je 5 Komödien aufgeführt. Der Chor zählte 24 Personen, auch die Zahl der Schauspieler war größer als in der Tragödie, die Ausstattung im ganzen aber weniger prunkvoll. In ihrer äußeren Form ist die altattische Komödie bestimmt durch ihren grotesk-komischen Charakter, der sowohl in den Kostümen der Schauspieler als in der Zusammensetzung des vielfach aus phantastischen Wesen bestehenden Chors zum Ausdruck kommt. Das Bezeichnende ihres Inhalts ist die aktuelle Satire, die sich teils gegen einzelne Personen, teils gegen ganze Richtungen, besonders in der Politik, aber auch in Religion, Philosophie und Literatur richtet. Sie nahm die Stelle unserer heutigen politischen Witzblätter ein. Dabei eignet ihr ein romantischer Zug, vermöge dessen sie neue Ideale, etwa sozialpolitischer Art durch phantastische Übertreibung parodiert und so mitunter zur Märchenkomödie wird. Wenn sie auch ihrem Ursprung nach nichts weiter sein will als eine lustige Posse, so hat sie doch die Grenzen einer harmlosen Verulkung von Personen und Zuständen keineswegs immer eingehalten, sondern ist mitunter zu fanatischer Hetze übergegangen, die verhängnisvolle Früchte trug. Dies beweisen nicht nur die wiederholten, freilich ziemlich erfolglosen Verbote (440, 427, 417 v. Chr.), Einzelpersönlichkeiten, besonders Beamte, anzugreifen, sondern noch mehr das Zeugnis Platons (Ap. 18 CD, 19 C, Phaid. 70 C), daß die Anklage gegen Sokrates gar nicht möglich gewesen wäre ohne die vorhergehende jahrzehntelange Verhetzung der Menge durch die Komödie. So sehr alle neuen und ungewohnten Erscheinungen den Spott herausfordern und es demnach im Wesen der Komödie liegt, sich auf sie zu werfen, so kann doch nicht bestritten werden, daß die Dichter der alten Komödie durchweg politisch und religiös konservativ sind. In dem ziemlich losen Bau der alten Komödie ist ein fester Bestandteil die in Anapästen abgefaßte Parabase, die der Chor, ungefähr in der Mitte des Stücks, mit abgenommener Maske an dem Publikum vorbeimarschierend, vorzutragen und in der sich der Dichter persönlich mit Wünschen, Beschwerden und Mahnungen an die Zuschauer zu wenden pflegte. Die Sprache der Komödie nähert sich in den Dialogpartien der Umgangssprache; auch der Trimeter, der viele Auflösungen zuläßt, ist lässiger gebaut.

Die bedeutendsten Dichter dieser altattischen Komödie sind folgende. **Kratinos** (gest. um 422) knüpfte mit seinen „Archilochoi", die einen Dichterwettstreit enthielten, an den Namen des alten Jambendichters (S. 41) an, verspottete als Anhänger Kimons in den „Thrakerinnen" (Fr. 71) und den „Cheirones" (Fr. 240) Perikles als den „zwiebelköpfigen Zeus", den „Sohn des Kronos und der Revolution" und griff in den „Allsehern" (Panoptai) den Philosophen Hippon an, der damals die Lehre des Thales (S. 69) in ewas modernisierter Form erneuerte. In den „Odysses" brachte er eine Mythenparodie auf die Bühne, in der man eine Vorstufe des euripideischen „Kyklopen" (S. 92) erblicken kann, und in der „Flasche" wehrte er sich mit drolliger Selbstironie gegen einen Angriff des Aristophanes. Krates folgte der dorischen Typenkomödie und malte in seinen „Tieren" ein Schlaraffenland aus als Parodie neumodischer sozialer und hygienischer Ideale. In ähnlicher Richtung bewegten sich einige Stücke des Pherekrates, der in seinen „Bergleuten" eine verstorbene Frau aus der Unterwelt kommen und das Schlemmerleben der Seligen den Lebenden schildern ließ, und in seinen „Wilden" (420), die im Anschluß an die Sage vom goldenen Zeitalter und die Verherrlichung der Natur im Gegensatz zur Tyrannei der Sitte Mode gewordene Idealisierung des Urzustands der Menschheit persiflierte. Sein „Cheiron" wandte sich gegen die Verschlechterung der Musik bei den neuen Dithyrambendichtern. Ameipsias verhöhnte gleichzeitig mit Aristophanes „Wolken" in seinem „Konnos" den Sokrates, nach dessen Musiklehrer das Stück betitelt war (423). **Eupolis** (446—411) übte in den „Städten" an der äußeren, in den „Dörfern" (Demoi) an der inneren Politik Athens Kritik im Sinn der guten alten Zeit der Marathonskämpfer und beschwor die Schatten des Solon, Miltiades und Aristeides, denen er auch noch Perikles anreihte, aus dem Hades, um dem verirrten Volk den rechten Weg zu weisen. In den „Feldherren" (Taxiarchoi) ließ er sogar den Dionysos selbst in die Unterwelt hinabsteigen, um einen bessern Feldherrn als die gegenwärtigen zu suchen, und das „Goldene Zeitalter" ironisierte die Herrlichkeit der unter Kleons Führung ausgearteten Demokratie. In den „Täufern" wurden fremde Mysterienkulte und unter deren Teilnehmern Alkibiades verspottet. Nicht minder aber nahm der Dichter die Philosophie und Sophistik, Sokrates (Fr. 352f.) und Protagoras, aufs Korn: diesen in den „Schmeichlern", die im Hause des reichen Sophistenfreundes Kallias spielten (Fr. 146ff.) und denen Platon die Szenerie zu seinem Dialog „Protagoras" entlehnte. Auch er verspottete und verleumdete den Sokrates (Fr. 352. 361) und erhob gegen ihn und die Sophistik den Vorwurf der Jugendverderbnis (Fr. 337). Im frühen Mannesalter starb er bei einem Seegefecht im Hellespont für das von ihm geliebte alte Athen den Heldentod. Einen interessanten Einblick in die Wareneinfuhr des damaligen Athens (Thuk. II 38, 2) gewährt ein langes Bruchstück aus den „Lastträgern" des Hermippos (Fr. 63). Mit seinen „Musen" konkurrierte Phrynichos (405) mit Aristophanes' Fröschen, wie dieser einen Wettkampf der eben verstorbenen Tragiker Sophokles und Euripides vorführend, und in seinem „Eigenbrötler" (Monotropos) schuf er den Typus des menschenfeindlichen Pessimisten und leitete damit zur Charakterkomödie über. Platon (etwa 425—390 tätig) steht auf der Grenze der alten und der mittleren Komödie.

Der glänzendste Vertreter der alten Komödie war **Aristophanes** (etwa 446—385). Seine ersten Stücke: die „Schmausbrüder" (Daitales, 427), die „Babylonier" (426), die „Acharner" (425), die er alle noch unter dem Namen des Dichters und Schauspielers Kallistratos aufführen ließ (vgl. Wesp. 1020f.), fallen schon in die Zeit des archidamischen Krieges und zeigen ihn bereits als Anhänger der aristokratisch-konservativen Partei und der Friedensfreunde, der er immer geblieben ist. Denn die Führer dieser Kreise, ein Nikias, Theramenes, Kritias bekommen, so viele Angriffsflächen sie auch boten, nie den Stachel seiner Satire zu fühlen, die sich vielmehr stets gegen die Häupter der Volkspartei, einen Kleon, Hyperbolos u. a., richtet. Aber nicht nur in der Politik, auch in der Kunst und Religion ist Aristophanes konservativ: unter den Dichtern verehrt er am meisten den Aischylos und neben ihm Sophokles, während er über Euripides und die neuere Lyrik die ganze Lauge seines Spottes ausgießt. Und ebenso verhaßt ist ihm die zeitgenössische Philosophie und Sophistik. Freilich geht er auch mit den Anhängern der überlieferten Religion, Wahrsagern wie Lampon und Diopeithes, keineswegs schonend um und die Götter selbst werden oft in einer Weise ins Lächerliche gezogen, daß es schwer ist, diese Travestie der Religion mit dem Eintreten des Dichters für die altererbte Frömmigkeit in Einklang zu bringen. Das oberste Ziel des komischen Dichters ist eben, Lachen zu erregen und diesem Zweck macht Aristophanes ohne Bedenken alles dienstbar, was ihm dazu geeignet scheint. Dabei verfügt er über sprudelnden Witz und eine unerschöpfliche Fülle spaßhafter Einfälle. In den Chorliedern entfaltet er große Anmut und tiefes Naturgefühl, in den Parabasen einen sittlichen Ernst, der auch vor dem Angriff auf mächtige Gegner nicht zurückschreckt. So hat ihm selbst Platon im Symposion gehuldigt und die Nachwelt hob ihn mit Kratinos und Eupolis als Klassiker der alten Komödie aus dem Schwarm der übrigen Dichter heraus (Hor. Sat. I 4, 1). Goethe hat „den ungezogenen Liebling der Grazien" in seinen „Vögeln" nachgeahmt und Platen im „Romantischen Ödipus" und der „Verhängnisvollen Gabel" seinen Geist zur Verhöhnung der romantischen Schicksalstragödie heraufbeschworen.

Im Schaffen des Aristophanes heben sich deutlich drei Zeitabschnitte heraus: 1. die politische Komödie vom ersten Auftreten bis zum Frieden des Nikias (427—421); 2. die romantische und literarische Komödie von der sizilischen Unternehmung bis zum Fall Athens (414—405); 3. die Umbildung der Komödie zum Lustspiel in den Alterswerken (392—388).

Von den 40 echten Komödien, die das Altertum kannte, sind uns 11 erhalten. In den Acharnern (425) macht der Dichter mit der Figur des biederen Dikaiopolis Propaganda für den Frieden und erteilt zugleich dem Euripides einige Seitenhiebe. Die Ritter (424) richten sich (wie auch schon die Babylonier) gegen Kleon. Dieser tritt hier als paphlagonischer Sklave auf, der seinen Herrn, den Demos, durch seine Schmeicheleien beherrscht und hinters Licht führt. Der Dichter spielte die Rolle des Kleon selbst, weil kein Schauspieler sie übernehmen wollte. Wie sicher der Hieb saß, beweist der Umstand, daß Kleon mit einer gerichtlichen Klage antwortete. Auf die Frage der neumodischen, sophistischen Erziehung und Bildung, die er schon in den „Schmausbrüdern" (S. 97) aufgegriffen hatte, kam Aristophanes in den Wolken (423) zurück, die uns nur in zweiter Bearbeitung vorliegen. Hier ist Sokrates der Repräsentant der gesamten neuen Denkweise. Ihm werden ebenso Lehren von Naturphilosophen wie Anaxagoras und Diogenes von Apollonia, als solche von Sophisten wie Protagoras und Antiphon auf die Rechnung gesetzt, auf die der Agon der gerechten und ungerechten Rede (889ff.) zielt. So ist die auf völliger Verkennung seines wirklichen Wesens beruhende Karikatur des Sokrates in den Augen des ernsten Betrachters ein Schlag ins Wasser; auf die unkundige Menge aber hat sie ihren Eindruck — sie schließt mit der Aufforderung, dem Volksverderber das Haus über dem Kopf anzuzünden — nicht verfehlt. — Die Wespen (422) geißeln die durch die Erhöhung des Richtersolds und durch das Eindringen der sophistischen Rhetorik gesteigerte, in Philokleon dargestellte athenische Sucht des Prozessierens. Racine hat das Stück in seinem einzigen Lustspiel „Les plaideurs" nachgeahmt. Im Frieden (421) nimmt Aristophanes die Tendenz der Acharner wieder auf und läßt in lustiger Parodie des euripideischen Bellerophon und seines Pegasos den Landmann Trygaios sich auf einem Mistkäfer in den Himmel erheben, von wo er die Herbstfreude und die Festlust (Opora und Theoria) sich zu seiner Friedensfeier herunterholt. — Die zweite Periode eröffnen die Vögel (414). In der Vogelstadt Wolkenkuckucksheim, durch deren Anlage die Götter vom Verkehr mit den Menschen abgeschnitten und aus ihrer Herrschaft verdrangt werden sollen, wird der unbesonnene und übermütige Imperialismus der von Alkibiades inspirierten demokratischen Politik verspottet, die sich soeben in das gefährliche sizilische Abenteuer gestürzt hatte. — Das Jahr 411 bringt zwei Weiberkomödien. In der Lysistrate zwingen die Frauen ihre Männer durch Aussperrung vom ehelichen Verkehr zum Friedensschluß. Die Komik des Dialogs wird durch den dorischen Dialekt der Spartanerin Lampito, des spartanischen Herolds und Gesandten noch wesentlich erhöht. Das Stück hat keine Parabase. — Die Thesmophoriazusen haben zur Zielscheibe ihres Spottes den Euripides, der hier zum Weiberfeind gestempelt wird und an dem die Frauen für die Verleumdung ihres Geschlechts Rache nehmen wollen. Auch Agathon (S. 93) wird gelegentlich darin mitgenommen. — In den kurz nach dem Tode des Sophokles und Euripides aufgeführten Fröschen (405) läßt der Dichter nach dem Vorgang des Eupolis (S. 96) den Dionysos selbst in den Hades hinabsteigen, um einen der verstorbenen Tragiker heraufzuholen, was zu einem witzigen parodischen Agon zwischen Aischylos und Euripides Anlaß gibt, der jenem den tragischen Thron streitig machen will. — Ins Jahr 392 oder 389 fällt die dritte Weiberkomödie: der Weiberreichstag (Ekklesiazusen). Die Frauen, als Männer verkleidet, stimmen dem Antrag der Praxagora bei, nach dem die Angelegenheiten des Staats, weil die Männer nichts zustande gebracht, in die Hände der Frauen gelegt werden sollen. Es werden dann weiter die kommunistischen Ideale der Güter- und Weibergemeinschaft parodiert, die auch im 5. Buch von Platons Staat erscheinen: Weltverbesserungspläne, die offenbar schon in der politischen Literatur der Sophistik erörtert worden waren (vgl. Herod. 4, 104, Eurip. Protes. Fr. 653). Das letzte der erhaltenen Stücke ist der in zweiter Fassung vorliegende Reichtum (Plutos, 388). Durch die Heilung des blinden Gottes vermittelst Inkubation im Asklepiostempel wird ein völliger Umschwung im Weltlauf herbeigeführt: die braven Leute werden mit Segen überschüttet und die Bösen geraten in Not. Wie dieses Stück schon keine Chorlieder mehr hatte und jeder aktuellen Satire entbehrte, so war dies auch bei den beiden letzten Werken des Aristophanes der Fall, die er im gleichen Jahr durch seinen Sohn Araros aufführen ließ, den Mythenparodien Kokalos und Aiolosikon, die mit den darin benützten Motiven der Verführung und Wiedererkennung den Übergang zur mittleren und neueren Komödie bilden.

Die mittlere Komödie. Mit dem Fall Athens starb die altattische Komödie. Die sog. mittlere Komödie, die etwa die ersten zwei Drittel des 4. Jahrhunderts hindurch blüht, verzichtet auf den Chor und die politische Satire. Ihre Gegenstände sind teils Mythenparodien wie der Amphitryon des Archippos, eine lustige Verwechslungskomödie, die durch Plautus Vermittlung noch Molière zu einer gelungenen Neubearbeitung angeregt hat, teils die Verspottung von Philosophen und Dichtern, wozu hauptsächlich die asketisch gerichteten Pythagoreer und die Kyniker Stoff boten. Als die bedeutendsten Dichter der mittleren Komödie galten Antiphanes unbekannter Herkunft, Anaxandrides aus Kameiros auf Rhodos und Alexis aus Thurii in Unteritalien.

2. Das Epos

Das heroische Epos hat im 5. Jahrhundert nur noch einige wenige Nachzügler aufzuweisen, wie Panyassis aus Halikarnaß, den Oheim Herodots, der ein Heraklesepos in 14 Büchern verfaßte. Wie ausgefahren diese Geleise waren, sieht man am besten daran, daß Choirilos von Samos (vgl. S. 86) deshalb in seiner Perseis einen geschichtlichen Stoff wählte, in dessen Darstellung der Sieg bei Salamis den Höhepunkt bildete. Um die Wende vom 5. zum 4. Jahrhundert blühte Antimachos von Kolophon, Verfasser einer Thebais in gekünstelter Sprache und außerdem eines mehrere Bücher umfassenden elegischen Gedichts „Lyde", mit dem er sich durch Erzählung unglücklicher Liebesgeschichten mythischer Zeit über den Tod seiner Frau zu trösten suchte. Er wurde damit das Vorbild der erzählenden Liebeselegie der Alexandriner. Platon hat an ihm großes Gefallen gefunden.

Das parodische Epos, für das es seit der Perikleischen Zeit an den Panathenäen einen besonderen Agon gab, fand einen Vertreter in Hegemon von Thasos, dessen Gigantenkampf bei den Athenern großen Beifall fand. Ein Abschnitt aus einem andern parodischen Epos desselben Dichters ist uns bei Athenaios (XV 698 D) erhalten.

3. Die Lyrik

Die monodische Lyrik tritt in diesem Zeitabschnitt ganz zurück. Nur zwei Frauen sind zu nennen. Der Zeitansatz der Telesilla schwankt zwischen dem Anfang und der Mitte des 5. Jahrhunderts. Sie lebte in Argos und dichtete als Haupt eines apollinischen Thiasos Kultlieder auf den Gott und seine Schwester Artemis. Auch soll sie die Frauen zur Verteidigung der Vaterstadt gegen einen Angriff der Spartaner aufgerufen haben. Praxilla aus Sikyon, nach der ein aus drei Daktylen und zwei Trochäen zusammengesetztes Versmaß „Praxilleion" benannt wurde, verfaßte Trinklieder und war also wohl Hetäre.

Eine viel größere Rolle spielte die Chorlyrik. Besonderer Beliebtheit erfreute sich der nach der Überlieferung von Lasos (S. 55) in Athen eingeführte Dithyrambos, für den es an den Panathenäen und andern Festen besondere Agone gab und für dessen Aufführungen Perikles um 440 ein besonderes Konzerthaus, das Odeion, erbauen ließ. Denn die Hauptsache bei diesem neuen, nicht strophisch gegliederten, sondern durchkomponierten Dithyrambos war die Musik, die auch durch Einfügung von Arien in den im übrigen erzählenden Inhalt eine Erweiterung erfuhr. Das Begleitinstrument war die Flöte. Als berühmtester Meister dieser Lyrik galt Melanippides aus Melos (Xen. Mem. I 4, 3), der u. a. einen „Marsyas" komponierte. Weniger bedeutend war sein in Athen wegen Asebie vor Gericht gezogener Landsmann Diagoras und der von der Komödie viel verspottete Athener Kinesias. Durch die Erfindung des glücklichen Motivs vom verliebten Kyklopen, der ein sehnsuchtsvolles Lied an die schöne Nereide Galateia sang, übte Philoxenos von Kythera (gest. 380) eine nachhaltige Wirkung auf die bukolische Dichtung des Hellenismus und ihre römischen Nachahmer aus.

Eine ähnliche Wandlung machte die Kitharodie durch. Der Dichter trug sein musikalisch ebenfalls durchkomponiertes Lied selbst zur Begleitung der Kithara vor. Als kühner Neuerer erscheint hier Timotheos von Milet (etwa

450—360; S. 86. 87), der Schüler des Phrynis von Mitylene. Er verfaßte und komponierte neben Hymnen und Dithyramben besonders kitharodische Nomoi (S. 46 f.), von denen 1902 aus einem ägyptischen Grabe einer, „die Perser", wieder ans Licht getreten ist. In schwülstiger und erkünstelter Sprache entrollt der Dichter eine Reihe von Bildern aus der Schlacht bei Salamis wie das Wimmern von Schiffbrüchigen oder die in gebrochenem Griechisch hervorgestoßenen Klagen eines gefangenen Phrygers, dessen Einführung an die entsprechende Figur im „Orestes" des Euripides erinnert. Dazu gehörte eine Musik mit ausgebildeter Tonmalerei, die sich auch an einen Stoff wie „die Wehen der Semele" wagte.

Die Elegie lebte noch als Skolion fort, wie die jüngeren Bestandteile des Theognisbuches (S. 40) zeigen, und wurde von Kritias (S. 93. 108) sogar zu lehrhaften Zwecken (Aufzählung von Erfindungen, Darstellung von Staatsverfassungen) verwendet.

Sie wird allmählich abgelöst vom Epigramm, das als Inschrift auf Weihgeschenken und Grabsteinen mehr und mehr erscheint und durch diesen seinen Zweck zu gedrängter und scharfer Fassung des Gedankens nötigt. Schon Herodot (7,228) hat uns einige aus der Zeit der Perserkriege aufbewahrt.

B. Die Prosa

Die ionische Prosa reicht in Philosophie, Medizin und Geschichtschreibung noch bis an das Ende des 5. Jahrhunderts herab und wird erst in dessen letztem Drittel allmählich von der attischen Prosa überholt. Außer den schon oben (S. 71f.) genannten großen Denkern des 5. Jahrhunderts erscheinen noch einige kleinere Epigonen der ionischen Philosophie, deren Lehrsysteme aber eine sichtliche Ermüdung der Spekulation bekunden. Unter ihnen gewann den weitreichendsten Einfluß Diogenes von Apollonia, der im perikleischen Zeitalter in Anlehnung an Anaximenes die Luft als den mit Denkkraft begabten Grundstoff der Welt bezeichnete. Minder bedeutend waren der von Kratinos, (S. 95) verspottete Nachtreter des Thales, Hippon von Samos, der mit Sophokles befreundete Archelaos, der Schüler des Anaxagoras und angebliche Lehrer des Sokrates, und der Herakliteer Kratylos, Platons erster Lehrer in der Philosophie. Literarisch wichtiger ist neben seinem Landsmann, dem Mathematiker und Astronomen Oinopides, der vielseitige Ion von Chios, der, mit Perikles und Sophokles persönlich befreundet, sich als lyrischer und dramatischer Dichter betätigte, eine pythagoreisierende philosophische Schrift „Dreikampf" (Triagmos) verfaßte und in seinen „Epidemiai" betitelten Reiseerinnerungen das erste Werk dieser Art, das feingezeichnete Bilder der politischen und literarischen Größen Athens enthielt, in die Literatur einführte.

Die Sophistik. Diesen Nachzüglern der spekulativen Philosophie tritt nun mit siegreicher Überlegenheit die Sophistik gegenüber, eine geistige Bewegung, deren Wellenschlag etwa von der Jahrhundertmitte an ganz Griechenland überflutet. Sie unterscheidet sich von der Philosophie in Gegenstand, Methode und Zweck. War bei jener der Gegenstand der Betrachtung die Natur, die den Menschen umgebende Welt, so ist dies bei der Sophistik in erster Linie die Kultur, der Mensch selbst als einzelner und als gesellschaftliches Wesen. Alle Schöpfungen der Kultur: Religion, Staat, Familie, die soziale Gliederung des Volkes (Adel und Bürgertum, Freie und Sklaven), die Beziehungen der Völker zu einander (Hellenen und Barbaren, Nationalität und Weltbürgertum) werden von der Sophistik vor die Frage gestellt, ob sie von Natur (φύσει) oder erst durch Konvention (νόμῳ) entstanden seien, und so dem positiven Recht und Brauch ein Naturrecht entgegengesetzt. War in der Philosophie die Methode der Forschung spekulativ und deduktiv, so ist sie hier empirisch und induktiv. War der Zweck der Philosophie theoretische Erkenntnis, so geht die Sophistik, die an der Möglichkeit eines objektiven Wissens überhaupt zweifelt, auf die praktische Beherrschung des Lebens aus. So kann man die Sophisten als Kulturtheoretiker und Lebenskünstler bezeichnen. Aus den verschiedensten Gegenden Griechenlands stammend, führen sie ein Wanderleben und halten sich in den größeren Städten, besonders Athen, bald kürzere, bald längere Zeit auf, teils um in populärwissenschaftlichen Vorträgen (Epideixeis) Bildung unter den Erwachsenen zu verbreiten, teils um in länger dauernden Kursen sich dem Jugendunterricht und der Jugenderziehung zu widmen. Ihr Ziel war dabei Tüchtigkeit (ἀρετή) im privaten wie im öffentlichen Leben. Dazu diente ihnen die Erklärung der alten Dichter und die Unterweisung in der Redekunst, die für den künftigen Politiker von der größten Wichtigkeit war, die aber — und das war die gefährliche Klippe der ganzen Richtung — über den Kunstmitteln der Überredung die Frage nach der sachlichen Wahrheit oft allzusehr vernachlässigte. Für diese ihre Tätigkeit ließen sich die Sophisten wie die Ärzte, die Künstler und die auf Bestellung arbeitenden Dichter (S. 51) honorieren. Außer ihrem mündlichen Unterricht entfalteten die Sophisten aber auch eine mehr oder weniger umfangreiche literarische Tätigkeit und diese sowie ihre kaum zu überschätzende Einwirkung auf die dichterische und noch mehr auf die prosaische Schriftstellerei der Mit- und Nachwelt weist ihnen auch eine wichtige Stelle in der Literaturgeschichte an.

Weitaus der genialste Kopf unter den Sophisten war **Protagoras** von Abdera (485—415 oder 411). Er hielt sich wiederholt in Athen auf und wurde von Perikles beauftragt, für die panhellenische Kolonie Thurii in Unteritalien (444/3) die Gesetzgebung des Charondas zeitgemäß umzuarbeiten. Wegen seiner Schrift „Über die Götter" mit einem Asebieprozeß bedroht, verließ er Athen und fand auf der Fahrt nach Sizilien den Tod. In seiner Hauptschrift „Wahrheit oder die niederwerfenden Reden" bekannte er sich mit dem Satze, daß der Mensch das Maß aller Dinge sei, zu einem grundsätzlichen Relativismus, der sich teils auf die Geltung sinnlicher Empfindungen, teils auf die Wertung von Recht und Sitte in ihrer zeitlichen und örtlichen Beschränkung bezog (Plat. Theast. 165 Eff. Dialex. 2), während er die bedingte Gültigkeit sittlicher Normen als unerläßlich für das menschliche Gemeinschaftsleben ansah (Plat. Prot. 322 D). Die „Antilogien" (Gegenreden) waren auf dem Satze aufgebaut, daß es über jede Sache zwei einander entgegengesetzte Auffassungen gebe, und haben sich vielleicht im Anschluß an den Begriff der Gerechtigkeit auch mit den verschiedenen Staatsformen befaßt. Aus der Schrift „Über den Urzustand“ sind uns die Hauptgedanken in dem von Platon (Prot. 320 C ff.) dem Sophisten in den Mund gelegten Mythos erhalten. In der ihm so verhängnisvoll gewordenen Schrift „Über die Götter“ huldigte Protagoras einem völligen Agnostizismus, hat aber doch wohl die landläufigen Beweise für das Dasein der Götter einer Kritik unterzogen und die Religion wohl nur als konventionelle Sitte anerkannt. Mit ethischen Fragen scheint er sich in dem Buch „Über die Tugenden“ beschäftigt zu haben. Wo er, der als Begründer der Grammatik gelten darf, seine sprachwissenschaftlichen Studien niedergelegt hat, wissen wir nicht. Auch ist es unsicher, ob er noch ein besonderes Handbuch der „Disputierkunst“ geschrieben hat, die jedenfalls in seinem Unterricht einen wichtigen Platz einnahm.

Prodikos von Keos verfaßte eine Schrift „Die Lebensalter“, aus der die pessimistischen Gedanken in dem unter Platons Werken überlieferten Dialog Axiochos (366 C ff.) zu stammen scheinen. Sie enthielt aber auch den von Xenophon (Mem. II 1, 21 ff.) erzählten schönen Mythus von Herakles am Scheideweg. Auch Prodikos trieb Sprachstudien und ist der Begründer der Synonymik.

Hippias von Elis war ein großer Polyhistor und legte in einem umfangreichen Sammelwerk „Synagoge“ eine Menge von Einzelkenntnissen nieder. Er zeigt einen ausgesprochen historischen Sinn. Er spürte den Anfängen der Philosophie und der Mathematik nach, veröffentlichte erstmals die Liste der Sieger in Olympia und schrieb eine Untersuchung über Völkernamen. Offenbar hat auch er der Verschiedenheit der Sitten der Stämme und Völker seine Aufmerksamkeit zugewandt und ihr ein einheitliches Naturrecht entgegengesetzt, im Vergleich mit dem Gesetz und Brauch (Nomos) als unrechtmäßiger Gewaltherrscher erschien (Plat. Prot. 337 CD). Unterstützt wurde er bei seinem Wissenseifer durch ein vorzügliches Gedächtnis, das er durch eine systematische

Technik schulte, so daß er neben Simonides (S. 51 f) als der Begründer der Mnemonik galt (vgl. Dialex. 9). Daß er sich auch mit mathematischen Problemen befaßte, ist sehr wahrscheinlich. Seine gelesenste Schrift war der „Troische Dialog“, eine Art Ritterspiegel, in dem der greise Nestor dem jungen Neoptolemos Belehrungen über ein auf eine ehrenvolle Tätigkeit gerichtetes Leben gab, in der Form, wie es scheint, ein Vorläufer der platonischen Dialoge.

Der vierte der großen Sophisten war **Gorgias** von Leontinoi in Sizilien (etwa 483—375). Dort hatten Korax und Teisias erstmals die Kunst der Rede, namentlich der Gerichtsrede, systematisch auszubilden versucht und auch dem Empedokles, dessen Schüler Gorgias war, wird eine rhetorische Tätigkeit zugeschrieben. In seiner Schrift „Über die Natur oder über das Nichtseiende“, die seine Absage an die Philosophie bedeutet, überbot und karikierte er die eleatische Dialektik, um sich von nun an ganz der Rhetorik zu widmen. Er verfaßte ein rhetorisches Handbuch (Techne), in dem er die von ihm in alle Einzelheiten ausgebildeten Kunstmittel der Redekunst darlegte. Außerdem führte er darin seine Theorie von der „berechtigten Täuschung“ aus, durch die er auf künstlerischem Gebiet der Begründer der Ästhetik wurde (Fr. 23. Dialex. 3, 10), die er aber auch auf die Ethik übertrug, indem er zeigte, daß nicht selten das recht verstandene Wohl der Menschen ihre Anwendung erfordere (Dialex. 3, 1ff. 11ff. Xen. Kyr. VI, 1, 28ff.). Aus diesem Lehrbuch sind uns zwei Musterreden erhalten: die „Rettung der Helena“ und die „Verteidigungsrede des Palamedes“, von denen namentlich die erstere, die er selbst als einen Scherz (παίγνιον) bezeichnet, geistreicher Gedanken nicht ermangelt und die Theorie des Aristoteles über die Tragödie (Poet. 6) vorbereitet (Hel. 8f.). Noch mehr als diese Musterreden weist ein Bruchstück aus seiner in Athen gehaltenen Leichenrede auf im Krieg gefallene Bürger ein Übermaß der nach ihm benannten rednerischen Figuren auf, das aber die Athener, zu denen er 427 als Gesandter seiner Vaterstadt kam, in helles Entzücken versetzte. Eine von ihm in Olympia gehaltene Rede, die zum Zusammenschluß der Griechen gegen die Barbaren mahnte, war von jener panhellenischen Gesinnung getragen, die sein Schüler Isokrates von ihm übernahm. Die absichtliche Ignorierung der ethischen Fragen durch Gorgias macht es begreiflich, daß aus seiner Schule Männer ganz verschiedener Richtung hervorgingen, wie die von Xenophon (An. II 6, 16ff.) kontrastierten Söldnerführer Proxenos und Menon oder der Redner Alkidamas, der in seiner Rede für die Messenier mit Berufung auf das Naturrecht die Sklaverei bekämpfte, und jener Kallikles, den Platon in seinem Dialog „Gorgias" als den Vertreter des brutalen Rechts des Stärkeren einführt. Literarisch bedeutsam aber wurde Gorgias vor allem als Begründer der attischen Kunstprosa, die sich, wenn auch unter Einschränkung seiner zu weit getriebenen sprachlichen Künsteleien, an dem wohlgefügten, symmetrischen Bau seiner fein stilisierten Sätze bildete.

Als Vertreter der Lehre vom Recht des Stärkeren erscheint in Platons Staat (I 338 C) auch Thrasymachos von Chalkedon, Verfasser eines rhetorischen Handbuchs, in dem er namentlich die Kunst lehrte, Affekte zu erregen und zu beruhigen. In einer politischen Rede nahm er für die vom König Archelaos von Makedonien bedrohte Stadt Larisa in Thessalien Partei. Auch aus einer symbuleutischen Musterrede „Über Staatsverfassung" ist ein größeres Bruchstück erhalten.

Weitaus am meisten Bruchstücke sind uns von Antiphon von Athen erhalten. Seine Hauptschrift „Wahrheit", von der neuerdings in Oxyrhynchos einige größere Reste gefunden wurden, zeigt ihn als Anhänger des Naturrechts, das die Gleichheit der Menschen predigt und weder zwischen den Völkern noch innerhalb eines Volkes natürliche Unterschiede anerkennt, zugleich aber auch seine tiefe Einsicht in die Schwäche der Gesetze und die Leichtigkeit, sie zu umgehen. Die ihm ebenfalls zugeteilte Schrift „Über Gemeinsinn" ist nicht nur in einem ganz anderen Stil gehalten, sondern atmet auch einen andern, wahrhaft sozialen Geist, so daß sie, ebenso wie der gegen Alkibiades gerichtete „Politikos", eher dem Rhamnusier Antiphon gehören dürfte. Einige Bruchstücke daraus scheinen sich unter die Ethika des Demokrit (Fr. 249. 250) 255) verirrt zu haben.

Die mehrfach erwähnten sog. Dialexeis sind eine um 400 in dorischem Dialekt vermutlich von einem Sophistenschüler verfaßte Schrift, die trotz ihrer Oberflächlichkeit wertvolle Erläuterungen zu den Lehren der großen Sophisten liefert und sich auch mit der Sokratik bekannt zeigt.

Eine wertvolle Bereicherung erfuhr die sophistische Literatur durch die Entdeckung einiger Bruchstücke des sog. Anonymus Jamblichi, so genannt, weil sie in den Protreptikos dieses Neuplatonikers verwoben waren. Sie zeigen manche Anklänge an Protagoras, charakterisieren sich aber namentlich durch den scharfen Widerspruch, den sie gegen die Lehre vom Recht des Stärkeren erheben.

Die vielseitige wissenschaftliche Betätigung der Sophistik rief eine mannigfaltige fachwissenschaftliche Literatur ins Leben, die vom Kochbuch des Sizilianers Mithaikos über kunsttheoretische Schriften bis zu den ersten Staatstheorien führt. Hatte schon Damon, der Lehrer des Perikles, vielleicht von pythagoreischer Seite angeregt, über die ethischen Wirkungen der Musik geschrieben, so untersuchte jetzt der Bildhauer Polykleitos in seinem „Kanon" die Proportionen des menschlichen Körpers, ähnlich wie zwei Jahrtausende später Albrecht Dürer. Die in der hippokratischen Sammlung enthaltene Schrift „Über die (Heil-) Kunst" hat einen mit der neuen Heilkunde einigermaßen vertrauten und sie empfehlenden Sophisten zum Verfasser. Kritias, der uns schon als tragischer und elegischer Dichter begegnet ist und den man „den Philosophen unter den Laien und den Laien unter den Philosophen" zu nennen pflegte, verfaßte Monographien über die athenische, spartanische und thessalische Staatsverfassung, in dieser Hinsicht ein Vorläufer des Aristoteles, und außerdem „Aphorismen" und „Homilien", in welch letzteren wir vielleicht einen Ansatz zum philosophischen Dialog erkennen dürfen. Phaleas von Chalkedon entwarf den ersten Idealstaat nach dem Grundsatz der Gleichheit des Besitzes und Hippodamos von Milet, der Erbauer der Hafenstadt am Piräus, folgte ihm auf dieser Bahn mit einem ebenso schematisch abgezirkelten Verfassungsentwurf, wie es sein Stadtbauplan war. Auch die mathematische Schriftstellerei, sowohl von pythagoreischer als sophistischer Seite befruchtet, setzt um diese Zeit ein. Hippokrates von Chios versuchte sich in seinen „Elementen" (Stoicheia) an der Quadratur des Kreises und der Verdopplung des Würfels. Meton benützte die Fortschritte der Astronomie zu einer Reform des attischen Kalenders und Platons an den Folgen einer Verwundung im korinthischen Krieg gestorbener Freund Theaitetos, ein Schüler des Mathematikers Theodoros, begründete in seinem Buch „Über die fünf Grundformen der Körper" die Stereometrie.

Aber auch die griechische Geschichtschreibung steht vom 5. Jahrhundert an unter der unverkennbaren Einwirkung der Sophistik und der von ihr begründeten Rhetorik, wie denn die Erzeugnisse der Beredsamkeit erst durch sie literarisch wurden, und auch der Philosophie gab sie gerade durch ihre Skepsis einen Anstoß, neue Bahnnen zu suchen.

Die Geschichtschreibung. Hatte die Sophistik das Nachdenken über den Menschen als solchen geweckt, so erwuchs daraus rasch auch das Interesse für die Persönlichkeit, das uns zuerst in der damals aufkommenden Memoirenliteratur entgegentritt. Neben Ion von Chios (S. 103) steht hier Stesimbrotos von Thasos mit seiner Schrift „Über Themistokles, Thukydides und Perikles", in der er als Anhänger der aristokratischen Partei Kimon und Thukydides, des Melesias Sohn (nicht zu verwechseln mit dem Geschichtschreiber), in sympathischer Weise schilderte, während er über die Häupter der Demokratie viel bösartigen Klatsch zusammentrug. Eine andere Seite des Zeitalters der griechischen Aufklärung tritt bei Herodoros von Heraklea (um 420) hervor, der die schon bei Hekataios (S. 66 f.) beginnende rationalistische Mythenkritik in einem 17 Bücher umfassenden Werke auf die Heraklessage anwandte, wobei er z. B. Atlas zu einem Astronomen und Herakles zu seinem Schüler machte.

Der erste Geschichtschreiber großen Stils ist **Herodotos** von Halikarnassos (etwa 484—425), den Cicero (de leg. I 1,5) mit vollem Recht den „Vater der Geschichte" nennt. Denn er schrieb erstmals Weltgeschichte, d. h. die Geschichte der zu seiner Zeit bekannten Kulturvölker, die sich um das östliche Mittelmeerbecken gruppierten. Er war verwandt mit dem Dichter Panyassis (S. 100) und lebte, wie dieser, als Gegner des seine Vaterstadt beherrschenden Tyrannen Lygdamis, in seiner Jugend eine Zeitlang in Samos in der Verbannung. Dann unternahm er große Reisen in den Orient, die ihn nach Ägypten, Syrien, Babylonien und vielleicht auch nach Persien führten. Auch Kleinasien, die Länder um das Schwarze Meer, Thrakien, Makedonien, Kyrene an der Nordküste Afrikas und Unteritalien kennt er aus eigener Anschauung. Um die Mitte des Jahrhunderts finden wir ihn im Kreise des Perikles in Athen, wo er für eine Vorlesung aus seinem Geschichtswerk ein reiches Ehrengeschenk erhielt. Im Jahr 444 beteiligte er sich an der von Perikles veranlaßten Kolonisation von Thurii in Unteritalien, wo er nun bis zu seinem Tode lebte, so daß diese Stadt geradezu als seine Heimat bezeichnet wird.

Die Aufgabe, die er sich gestellt hat, ist die Schilderung der Kämpfe zwischen Asien und Europa, zwischen Griechen und Barbaren, die zu seiner Zeit ihre endgültige Entscheidung in den Perserkriegen fanden. Wo jeweils ein Volk auf die historische Bühne tritt, da greift er zurück und fügt seine Geschichte von den Anfängen an ein. Seine Quellen sind teils persönliche Anschauung und Erkundung (ἱστορίη) in den von ihm bereisten Ländern, teils ältere Schriftsteller wie Hekataios, Dionysios von Milet, Xanthos, Hellanikos oder das Arimaspenepos des Aristeas (S. 35), dem er immerhin einigermaßen kritisch gegenübersteht (4, 13ff.). Sehr reich ist Herodots Werk an geographischen und ethnologischen Angaben, und es ist sehr wahrscheinlich, daß einzelne Partien desselben ursprünglich selbständig ausgearbeitet waren in der Art der älteren Logographen, was sich noch am handgreiflichsten am zweiten, Ägypten behandelnden Buch erkennen läßt. Dabei folgte er einem festen viergliedrigen Schema (Land, Sitten, besondere Merkwürdigkeiten, politische Geschichte). Diese früher schon ausgearbeiteten Abschnitte (Logoi) fügte er dann seinem erst später gefaßten großen Plane ein, in dem sie nun als umfangreiche Exkurse erscheinen. Herodot ist ein gewandter und liebenswürdiger Erzähler. Seine besondere Stärke liegt in der Novelle, kleinen spannenden oder lehrreichen Erzählungen, wie von Kroisos' Sohn Atys, der Jugendgeschichte des Kyros, den merkwürdigen Schicksalen des krotoniatischen Arztes Demokedes oder der Geschichte vom Schatz des Rhampsinit. Die politische Geschichte weiß er durch eingelegte Reden oder richtiger Gespräche zu beleben, die aber weniger zur Charakteristik der handelnden Personen als zur Hervorhebung bestimmter Gesichtspunkte dienen, unter denen der Geschichtschreiber selbst die Ereignisse betrachtet wissen will. Eine einheitliche Charakteristik der politischen Persönlichkeiten vermissen wir bei Herodot noch durchaus und auch seine historische Kritik schwankt zwischen einem zahmen Rationalismus und naiver Leichtgläubigkeit unsicher hin und her. Nichtsdestoweniger verdanken wir ihm viele sehr wertvolle Nachrichten und manche seiner Angaben, deren Richtigkeit früher bezweifelt wurde, haben durch die moderne geographische und geschichtliche Forschung ihre Bestätigung gefunden (z. B. über Zwergvölker in Afrika 2, 32. 4, 43). Das Werk geht bis zur Belagerung von Sestos (478) herab und ist, da diese kein geschichtlich einschneidendes Ereignis bedeutet, offenbar unvollendet. Es ist, wie die hippokratischen Schriften, im ionischen Dialekt und in einem leichtflüssigen, aber doch schon die Anwendung bewußter Kunstmittel verratenden Stil geschrieben. Die alexandrinischen Grammatiker haben es in 9 Bücher eingeteilt. Theopompos verfertigte einen Auszug daraus in 2 Büchern.

Herodot steht auf der Grenze zweier Zeitalter. Die sprachliche Form und auch ein nicht geringer Teil des Inhalts seines Werkes stellt ihn an die Seite der ionischen Logographen, und doch beweist sowohl der Umfang als auch die Behandlung seines Stoffes, daß er über sie hinausgewachsen und in mancher Hinsicht von der sophistischen Aufklärung berührt ist. Seine ganze Geschichtsauffassung ist freilich noch durchaus die religiös-moralische. Die Katastrophe des Xerxes wird genau wie in der Tragödie des Aischylos als göttliches Strafgericht für seinen nach Weltherrschaft strebenden Übermut betrachtet und die viel berufene Lehre vom Neid der Götter, die besonders aus der Geschichte vom Ring des Polykrates bekannt ist, bedeutet im Grunde nichts anderes, als daß die Gottheit alles, was die dem menschlichen Wesen gesetzten Grenzen überschreiten will, in seine Schranken zwingt (7, 10). Von einer pragmatisch-politischen Auffassung und Darstellung des politischen Zusammenhangs ist bei Herodot noch keine Rede. Andererseits weist aber auch manches auf Bekanntschaft mit der ionischen Philosophie und mit der Sophistik hin. Er nennt mehrfach (1,74, 170, 2,20) den Thales, dessen Vorhersagung einer Sonnenfinsternis (S. 69) er erzählt, und er kennt die auf Anaxagoras zurückgehende richtige Erklärung der Nilschwelle, die er selbst allerdings ablehnt (2,22). Daß er den Sophisten Protagoras in Athen sowohl wie in Thurii persönlich kennenlernte, ist selbstverständlich und er war nachweislich mit Einzelheiten aus dessen Schriften vertraut (3,108 vgl. mit Plat. Prot. 321 B). Die sophistische Lehre von der Relativität der Sitte ist ihm durchaus geläufig (3,38) und die Verhandlungen der 7 Perser über die beste Staatsform (3,80ff.) sind nichts anderes als ein Echo aus den Hörsälen der Sophisten, vielleicht sogar gleichfalls aus einer Schrift des Protagoras. Auch die Idealisierung barbarischer Naturvölker (z. B. 5,4 vgl. mit Euripides' Kresph. Fr. 449) weist auf Gedankengänge der Sophistik. Näher freilich stand er mit seiner ganzen Lebensauffassung dem mit ihm befreundeten Dichter Sophokles (S. 80). Alles in allem bildet er die Brücke von den Logographen zu Thukydides.

Die attische Prosa. Der attische Dialekt bemächtigt sich jetzt ziemlich gleichzeitig der Geschichtschreibung, der Beredsamkeit und der Philosophie. Vielleicht die erste attische Prosaschrift war die des Musiktheoretikers Damon (S. 108). Das älteste, was uns erhalten ist, ist die unter den Werken Xenophons überlieferte, von einem unbekannten Oligarchen zwischen 430 und 424 verfaßte Schrift „Vom Staate der Athener", die ein äußerst interessantes Gegenbild zu der idealisierten Darstellung der athenischen Demokratie in der berühmten Leichenrede des Perikles bei Thukydides (2,34ff.) liefert. Sie beschäftigt sich mit der Frage nach der Möglichkeit eines Sturzes der Demokratie und verwirft diese, da die Volksherrschaft, an der der Verfasser eine scharfe, aber wohlbegründete Kritik übt, zu fest begründet sei. Sonst gehören der ältesten attischen Prosa außer den schon erwähnten Schriften des Gorgias (S. 106) und Kritias (S. 108) nur noch die Reden des Antiphon von Rhamnus an, dem Thukydides (8, 68) hohes Lob spendet.

Das erste große Werk in attischer Sprache ist das Geschichtswerk des **Thukydides** (etwa 460—396). Er war vornehmster Herkunft: sein Vater Oloros stammte von einem thrakischen Fürstengeschlecht ab und durch seine Mutter Hegesipyle war er ein Abkömmling des Siegers von Marathon. Aus den Goldbergwerken bei seinem Landgut Skaptehyle auf thrakischem Gebiet bezog er reiche Einkünfte. Der feste Punkt in seinem Leben ist das Jahr 424, in dem er als Stratege die Stadt Amphipolis gegen Brasidas zu schützen hatte. Er kam aber mit seinem bei Thasos liegenden Geschwader zu spät und konnte nur noch die Hafenstadt Eion retten. Daraufhin wegen Hochverrats zum Tode verurteilt, lebte er zwanzig Jahre in der Verbannung und kehrte erst nach dem Fall Athens in die Heimat zurück (5, 26). Er scheint dann noch die ersten Jahre des 4. Jahrhunderts erlebt zu haben.

Wenn man von Herodot zu Thukydides kommt, so ist es, als wäre man in eine andere Atmosphäre versetzt: statt der weichen Luft phantasievollen Fabulierens und naiven Glaubens atmet man hier die kräftige Höhenluft der Kritik und der harten Tatsachen. Mit vollem Bewußtsein stellt sich Thukydides selbst (1, 21f.) in dieser Hinsicht in Gegensatz zu allen seinen Vorgängern. Von einer religiösen Auffassung der Geschichte oder auch nur dem Glauben an eine sittliche Weltordnung ist bei diesem echten Sohn des Aufklärungszeitalters keine Rede mehr. Alles Mythische wird beiseite gelassen und nur versucht, die Wirklichkeit (τὸ σαφές) herauszustellen. Die Betrachtung des geschichtlichen Geschehens ist durchaus realistisch und politisch. Dabei zeichnet den Geschichtschreiber eine unbestechliche Wahrheitsliebe aus, die zu einer geradezu staunenswerten Sachlichkeit der Darstellung führt. Der Staatsmann und Feldherr verfügt über eine außergewöhnliche Menschenkenntnis, über eine bewundernswerte praktische Psychologie, um derentwillen ihn Fr. Nietzsche einen „Menschendenker“ genannt hat. Aller Spekulation abgeneigt, zeigt er einen ausgesprochenen Wirklichkeitssinn und viel Verständnis für naturwissenschaftliche Beobachtung, z. B. bei der Schilderung der athenischen Pest (2, 47ff.). Er weiß wie Machiavelli, daß die Politik einzig und allein auf Macht beruht, daß Rechtsgründe in den Beziehungen der Staaten zueinander nur bei einem Gleichgewicht der Macht gewürdigt werden, im übrigen aber sich der Schwächere dem Stärkeren fügen muß (5, 89). Dieses Grundgesetz der Geschichte (5, 105. 4, 61. 1, 76) ist bedauerlich und grausam (3, 83), aber nicht zu ändern. Deshalb legt Thukydides auch bei der Beurteilung der führenden Persönlichkeiten nie einen moralischen, sondern nur einen politischen Maßstab an, ohne doch dabei ein Anbeter des äußeren Erfolgs zu werden. Alles rein Persönliche, soweit es nicht auf das politische Handeln einwirkt, wird daher vollkommen ausgeschaltet. Er rühmt die Verdienste des Königs

Archelaos von Makedonien (2, 100), der in der Literatur der Sokratiker geradezu als der Typus des verbrecherischen Despoten erscheint. Seiner politischen Richtung nach gehört Thukydides zu den Vorkämpfern einer gemäßigten Demokratie (8, 97) unter der Führung überlegener Persönlichkeiten wie Perikles (2, 65). Mit seiner Geschichtschreibung verfolgt er nicht nur den Zweck der Überlieferung geschichtlicher Ereignisse an die kommenden Geschlechter, sondern auch ein praktisches Ziel: überzeugt, daß trotz allen Wandels der Verhältnisse gewisse typische Formen des Geschichtsverlaufs immer wiederkehren werden, schreibt er für Leser, die aus der Geschichte lernen und das Gelernte auf ihre eigene Zeit anwenden wollen. In diesem Sinn widmet er sein Werk der Nachwelt als „ein Besitztum für immer" (1, 22).

Thukydides schreibt weder Weltgeschichte wie Herodot noch Lokalgeschichte wie viele der Logographen, sondern eine zeitgeschichtliche Monographie über den Peloponnesischen Krieg. Er begann damit nach seiner eigenen Angabe (1,1) gleich am Anfang des Kriegs. Durch seine Verbannung außer Tätigkeit gesetzt, machte er die literarische Aufgabe zu seinem Lebenswerk und benutzte die zwanzigjährige Abwesenheit von Athen, um auch auf feindlicher Seite Erkundigungen einzuziehen. Aber wie die Folge von Ereignissen, die wir heute den Peloponnesischen Krieg nennen, keine ununterbrochene Kette von Kriegshandlungen ist, so konnte sie Thukydides auch nicht in einem Zuge beschreiben. Er verfaßte zuerst die Geschichte des archidamischen Krieges bis zum Frieden des Nikias (421); aber ehe er damit fertig war, wie man an der Nichtverarbeitung der Friedensurkunden (5,18f.) sieht, brachen die Feindseligkeiten aufs neue aus, und so faßte er den Entschluß, auch die Fortsetzung des Krieges darzustellen. Der Einschnitt ist vollkommen deutlich (5,26). Von diesem zweiten Teil wurde zuerst die Geschichte des sizilischen Unternehmens (Buch 6 und 7) ausgearbeitet, um die sich dann ihre Vorgeschichte (5. Buch) und die Folge der Niederlage, der Sturz der Demokratie im Jahr 411 (8. Buch), gruppierte. Thukydides hat dann nach seiner Rückkehr in die Heimat das Ganze nochmals einer Umarbeitung unterzogen und diese wurde ihm unter den Händen jetzt, nach dem Fall Athens, für den die lakonisierenden Theoretiker den Perikles verantwortlich machten, zu einer Verteidigung des großen Staatsmanns und seiner Politik (2,59ff. 65): nicht dieser, sondern seine teils minderwertigen, teils von persönlichem Ehrgeiz geleiteten und daher von seinen Grundsätzen abweichenden Nachfolger haben Athen ins Verderben gestürzt. Aber auch diese Umarbeitung wurde nicht mehr fertig, und so blieb das große Werk, das jetzt mit dem Jahr 411 schließt, ein Torso.

Thukydides schreibt durchaus politische Geschichte. Die Kulturgeschichte tritt ganz zurück, außer in der sog. Archäologie (1, 1—21), wo die Zustände der griechischen Vorzeit teils aus den Verhältnissen der Gegenwart, teils aus feinen Beobachtungen an den homerischen Epen erschlossen werden. Da Thukydides den tiefsten Grund des Krieges in dem politischen und wirtschaftlichen Aufschwung Athens sieht (1, 23), so fügt er den unmittelbaren Anlässen (1, 24—88) einen gedrängten Überblick über die Geschichte Athens seit den Perserkriegen, die sog. Pentekontaetie, an (1, 89—118). Einen wichtigen Bestandteil des Werks bilden die Reden, die, ganz anders als bei Herodot, hier stets der Charakteristik der handelnden Personen und ihrer politischen Richtung dienen. In der Form sind sie vollständig das Werk des Geschichtschreibers, der aber für den Gedankengang den Anschluß an das, was wirklich gesagt wurde, für sich in Anspruch nimmt (1, 22). Er läßt bei den Verhandlungen immer beide Parteien zum Wort kommen, wobei ihm die Schulung nach dem antilogischen Prinzip des Protagoras (S. 104f.) zustatten kam. Einmal, in den Verhandlungen der Athener und Melier (5, 84ff.), wächst sich ihm diese Darstellungsform zu einem vollständigen Dialog aus, dem ältesten, den wir in griechischer Sprache besitzen. Dem gedankenschweren Inhalt entspricht der schwerflüssige, in wuchtig dahinrollenden Perioden sich bewegende Stil des Thukydides, der nicht selten noch mit dem Ausdruck zu ringen hat. Der rhetorischen Kunstmittel bedient er sich maßvoll und in durchaus selbständiger Weise. Sein Werk war nach Inhalt und Form Epoche machend. In sprachlicher Hinsicht nimmt es in der Geschichte der griechischen Literatur eine ähnliche Stellung ein wie Luthers Bibel in der deutschen. An wissenschaftlicher Gediegenheit ist es von keinem späteren Geschichtschreiber der Griechen übertroffen worden. Und doch hat es Thukydides nicht einmal mehr selbst herausgegeben. Es wurde von Xenophon, der vielleicht das Werk aus dem Nachlaß herausgegeben hat (Diog. L. 2, 57), Kratippos und Theopompos fortgesetzt.

Xenophon von Athen (etwa 430—354) ist ein außerordentlich vielseitiger Schriftsteller. Seine Werke, die mehr in die Breite als in die Tiefe gehen, umfassen geschichtliche, philosophische und lehrhafte Schriften. Obwohl Schüler des Sokrates, war er doch nichts weniger als Philosoph, sondern nur ein philosophisch interessierter Laie, übrigens — im Gegensatz zu Kritias (S. 93) — ganz in den Vorstellungen und Formen der hergebrachten Religion befangen. Sein eigentlicher Beruf ist der des Offiziers und sein großes Erlebnis ist seine Teilnahme an dem Zug des jüngeren Kyros gegen seinen Bruder, den Perserkönig Artaxerxes (401—399), die etwa in sein 30. Lebensjahr fällt (An. VI 4, 25). Nach dem Scheitern des Unternehmens und der Ermordung der Feldherren durch den persischen Statthalter Tissaphernes leitete er mit großem Geschick den schwierigen Rückzug des griechischen Söldnerheers. War schon die Verbindung mit dem spartanerfreundlichen persischen Prinzen vom Standpunkt der athenischen Politik aus bedenklich gewesen, so trug ihm seine Beteiligung an der Schlacht bei Koronea (394) auf seiten des Agesilaos gegen das mit Athen verbündete Theben die Verbannung wegen Hochverrats ein. Von den Spartanern durch Verleihung der Proxenie geehrt, lebte er dann lange auf einem Landgut bei Skillus in der Nähe von Olympia. Nach der Schlacht bei Leuktra (371) scheint das Verbannungsdekret aufgehoben worden zu sein. Trotzdem nahm er seinen Wohnsitz nicht in Athen, sondern in Korinth; sein Sohn Gryllos aber fiel in der Schlacht bei Mantineia (362) in den Reihen der attischen Reiterei. Was Xenophon seinem Vaterland entfremdete, war seine antidemokratische, der Monarchie zugeneigte politische Gesinnung. Als Schriftsteller kann er sich an Tiefe der Gedanken weder mit Thukydides noch mit Platon auch nur entfernt messen. Dagegen fand sein leichter, gefälliger Stil den Beifall der Mit- und Nachwelt und obwohl sich sein Wanderleben in seiner Sprache keineswegs verleugnet und er auch insofern als ein Vorläufer des Hellenismus gelten kann, sahen spätere Geschlechter in ihm den reinen Attiker und ahmten ihn als solchen nach, wie Arrian in seiner Geschichte des Alexanderzugs.

Unter den geschichtlichen Schriften Xenophons ist die älteste die Anabasis in 7 Büchern, Kriegserinnerungen, die er unter dem Namen des Themistogenes (Hell. III 1, 2) herausgab. Sie tragen die Merkmale eines Memoirenwerks, namentlich auch in den Charakterschilderungen des Kyros (I 9), der griechischen Feldherren (II 6) und in den persönlichen Beziehungen zu Sokrates (III 1). — Die Hellenika, gleichfalls in 7 Büchern, führen die griechische Geschichte in unmittelbarem Anschluß an das Werk des Thukydides bis zur Schlacht bei Mantineia herab. — Aufs engste hängt mit dieser Schrift der Agesilaos zusammen, eine monographische Verherrlichung dieses von Xenophon bewunderten Fürsten. — Bedeutete schon diese Lobrede im Stil des Isokrates eine Abweichung von der Richtung sachlicher Geschichtschreibung, so gilt dies vollends von der zu den philosophischen Schriften überleitenden Kyrupaideia (8 B.), die man als einen politisch-pädagogischen Tendenzroman bezeichnen kann. Der Träger des Ideals ist der Gründer des Perserreichs, der ältere Kyros. — In die sokratische Literatur, die namentlich durch eine mehrere Jahre nach Sokrates' Tod erschienene „Anklagerede" des Sophisten Polykrates, die den Philosophen politisch verdächtigte, einen mächtigen Anstoß erhielt, griff Xenophon erst ein, nachdem schon andere Jünger des Meisters auf den Plan getreten waren (Ap. 1, 1), und zwar sowohl mit seiner Apologie des Sokrates, einem geschichtlich wertvollen Bericht über das Verhalten des Sokrates vor, während und nach der Gerichtsverhandlung, als auch mit einer Schutzschrift, die jetzt die beiden ersten Kapitel der Erinnerungen an Sokrates bildet. Diese sind ein lose komponiertes und an Mißverständnissen reiches Werk, das der philosophischen Größe des Sokrates in keiner Weise gerecht wird. Das 4. Buch ist eine geschlossene Abhandlung über Erziehung. Sokratische Dialoge sind außerdem die Schrift „Über den Haushalt", das mit Platons entsprechendem Werk wetteifernde „Gastmahl" und der „Hieron", ein Gespräch dieses Fürsten mit dem Dichter Simonides (S. 51 f.) über die Frage, ob das Leben des Privatmanns dem des Herrschers vorzuziehen sei, und über die Pflichten des Monarchen. — Unter den Lehrschriften, die deutlich den Einfluß der Sophistik verraten, sind die wichtigsten die beiden politischen „Über den Staat der Lakedaimonier" und „Über die Einkünfte", das Programm einer Finanzreform. Dazu kommen noch zwei Schriften, in denen der alte Offizier zum Vorschein kommt, „Über Reiterführung" und „Über die Reitkunst", während die Echtheit der Schrift „Über die Jagd" bestritten ist.

Eine Fachschrift ähnlich den eben genannten über Taktik verfaßte der von Xenophon (Hell. VII 3, 1) erwähnte arkadische Feldherr Aineias von Stymphalos.

Der zweite Fortsetzer des Thukydides war Kratippos, der sein Geschichtswerk bis zum Wiederaufbau der langen

Mauern durch Konon (393) herabführte. Ihm ist wahrscheinlich ein längeres Bruchstück zuzuweisen, das, in Oxyrhynchos (1908) gefunden, Ereignisse des Jahrs 396 in schlichter Darstellung erzählt. Kratippos teilt keineswegs Xenophons kritiklose Bewunderung des Agesilaos, sondern stellt Konon weit über diesen.

Die zwei meistgelesenen Geschichtschreiber des 4. Jahrhunderts, Ephoros und Theopompos, sind beide aus der Rednerschule des Isokrates hervorgegangen, der insofern der Geschichtschreibung neue Bahnen wies, als er darin die Persönlichkeiten und ihre sittliche Beurteilung in den Vordergrund gestellt wissen wollte. **Ephoros** von Kyme (etwa 408 bis 330) schrieb eine Weltgeschichte in 30 Büchern, die unter Weglassung der mythischen Zeit mit der dorischen Wanderung begann und mit der Belagerung Perinths durch Philipp von Makedonien schloß. Sein Sohn Demophilos fügte dann noch den Schluß von Philipps Regierung (bis 336) hinzu. Dieses Buch wurde in der hellenistischen Zeit die verbreitetste Universalgeschichte und erst allmählich verdrängt, als Diodoros von Sizilien seinen Inhalt großenteils in sein Werk aufnahm. **Theopompos** von Chios (geb. 376) kam, aus seiner Heimat, wo sein Vater das Haupt der spartanerfreundlichen Partei gewesen war, vertrieben, 357 nach Athen, kehrte 332 heim, scheint aber in der Fremde gestorben zu sein. Seine Hauptwerke waren die an Thukydides anknüpfende griechische Geschichte in 12 Büchern, welche die Ereignisse von 410—394 behandelte, und eine Geschichte Philipps von Makedonien (58 B.), in dem er den berufenen Führer eines geeinigten Griechenlands gegen Persien erblickte. Dieses Werk wuchs sich aber durch zahlreiche große Exkurse zu einer vollständigen Zeitgeschichte aus. In der Zeit des Augustus nahm sich der Universalhistoriker Pompejus Trogus in seinen „Historiae Philippicae", aus denen wir einen Auszug von Justinus (2. Jhrdt. n. Chr.) besitzen, den Theopompos zum Vorbild. Sein Auszug aus Herodot (2 B.) wurde schon oben (S. 111) erwähnt. Mit Theopompos wetteiferte Anaximenes von Lampsakos, der gleichfalls „Hellenika" in 12 Büchern, vom Beginn der Menschengeschichte bis zur Schlacht bei Mantineia und „Philippika“ in mindestens 8 Büchern verfaßte, wozu er später noch eine Geschichte Alexanders hinzufügte. Aus dem 7. Buch der Geschichte Philipps stammt der unter den Werken des Demosthenes überlieferte Brief Philipps, ein an Athen gerichtetes Ultimatum aus dem Jahr 340, und die Rede gegen diesen Brief. Bei jenem ist die originale Urkunde unter Beseitigung von Einzelheiten zugrundegelegt, die Rede ahmt den Stil des Demosthenes nicht ohne Geschick nach.

Eigene Bahnen schlug Philistos von Syrakus (etwa 430—356) ein, der sich in seiner sizilischen Geschichte den Thukydides zum Muster nahm. Ihr erster Teil (7 B.) führte von den ältesten Zeiten bis zum Regierungsantritt Dionysios' I. (406), der zweite (4 B.) behandelte dessen Regierung, worauf er dann später noch die Geschichte Dionysios' II. (367—363) in 2 Büchern folgen ließ.

Ein Nachzügler der ionischen Geschichtschreibung im 4. Jahrhundert ist Ktesias, der Leibarzt Artaxerxes' I. (Xen. An. I 8, 26). Er schrieb eine sehr unkritische, an märchenhaften und anekdotischen Erzählungen reiche persische Geschichte in 23 Büchern und außerdem ein Buch über Indien, das die ersten Nachrichten von diesem erst durch Alexander dem griechischen Gesichtskreis erschlossenen Lande brachte.

Ungefähr gleichzeitig mit Alexanders Zug nach dem Osten erfuhr auch die geographische Kenntnis des Westens und Nordens von Europa eine wesentliche Bereicherung durch Pytheas von Massilia, der eine Entdeckungsfahrt an der Westküste Spaniens und Frankreichs hin machte, die ihn bis zu den Shetland- und Orkneyinseln, vielleicht sogar bis Island führte. Ob er dieses oder Britannien als Insel Thule bezeichnete, ist ungewiß. Die Ergebnisse seiner Forschungen legte er in einer Schrift „Über den Ozean“ nieder. Auch die Beschreibung einer schon um die Mitte des 5. Jahrhunderts von dem Karthager Hanno unternommenen, bis zum Kap Palmas ausgedehnten Fahrt an der Westküste Afrikas (Plin. N. H. 2, 169; Müller, Geogr. Gr. min. I 1ff.) scheint im Lauf des 4. Jahrhunderts in einer Übersetzung der Originalschrift den Griechen bekanntgeworden zu sein.

Die attische Beredsamkeit. Öffentliche Reden gehörten von Hause aus nicht zur Literatur. Aristeides, Themistokles, Kimon und selbst noch Perikles dachten nicht daran, ihre Reden herauszugeben (Plat. Phaidr. 257 D) und aus denen des letzteren haben sich nur einige besonders glücklich gewählte Bilder als geflügelte Worte dem Gedächtnis der Nachwelt eingeprägt. Erst der durch die Sophistik eingeführte methodische Unterricht in der Rhetorik bewirkte, daß nunmehr auch die Reden mit bewußter Kunst ausgearbeitet und damit literaturfähig wurden. Bei der Gerichtsrede, die neben die Festrede und die Staatsrede trat, trug dazu vor allem der Umstand bei, daß bei der Menge der in Athen verhandelten Prozesse — mußten doch auch die Bundesgenossen dort ihr Recht nehmen — der Beruf des Rechtsbeistands und Redenschreibers (λογογράφος) aufkam, der darin bestand, für den Gebrauch der Klienten vor Gericht Anklage- oder Verteidigungsreden zu verfassen. Dabei lag es gerade im Interesse der unterliegenden Partei, in wichtigen Fällen ihre Sache an die Öffentlichkeit zu bringen. Der Zweck der Reden war durchaus nicht, die Wahrheit ans Licht zu bringen, sondern die Richter für die eigene Sache zu gewinnen, und die Kunst bestand darin, alle für diese sprechenden Gründe so geltend zu machen, daß die Darstellung als das Wahrscheinliche (τὸ εἰκός) erscheinen mußte.

Demgemäß stehen an der Spitze des von Cäcilius aus Kaleakte in Sizilien zur Zeit des Augustus aufgestellten Kanons der 10 attischen Redner drei Männer, deren Haupttätigkeit der Gerichtsrede gehörte. A n t i p h o n von Rhamnus war die Seele der oligarchischen Revolution des Jahres 411 und büßte seine Teilnahme daran mit dem Tode. Aus seiner von Thukydides (8, 68) gerühmten Verteidigungsrede ist unlängst in Ägypten ein Bruchstück an den Tag gekommen, in dem er zu beweisen sucht, daß die Verfassungsänderung nicht in seinem persönlichen Interesse gelegen sei. Sonst haben wir von ihm noch drei mit raffinierter Kunst angelegte Reden in Mordprozessen. Drei Tetralogien von

Musterreden (Anklage, Verteidigung, Replik, Duplik), die offenbar dem Unterrichtsbetrieb dienten (vgl. S. 103f.), werden dem Sophisten gleichen Namens (S. 107) gehören. Unter den vier erhaltenen Reden des Andokides ist die interessanteste die „Über die Mysterien" (399), in der er auf die Geschichte des Hermokopidenprozesses (415), in den er verwickelt war, zurückgreift. Der dritte und bedeutendste ist **Lysias** (etwa 445—380), ein Metöke, der Sohn jenes Kephalos, in dessen Haus Platon die Unterredung über den Staat verlegt. An ihm rühmen die Alten besonders die Kunst zu charakterisieren, d. h. die Reden den Personen, von denen sie gehalten werden sollten, auf den Leib zu schreiben (ἠθοποιία), z. B. einem Krüppel, der um Weiterreichung seiner Staatsunterstützung bittet. Von seinen 233 Reden sind 34 erhalten, darunter die berühmteste gegen Eratosthenes, ein Mitglied der Oligarchie der Dreißig, unter der Lysias' Bruder Polemarchos zum Tod verurteilt worden war, die einzige, die der Redner selbst gehalten hat. Außer den Gerichtsreden gab es von ihm auch einen „Erotikos" (Rede auf die Liebe), den Platon im Phaidros einer scharfen Kritik unterzieht. Wie dieser, so war auch der in seiner Echtheit bestrittene Epitaphios (Leichenrede) auf die Gefallenen des korinthischen Krieges lediglich eine literarische Musterleistung und das gleiche gilt von der gegen den Sophisten Polykrates (S. 117) gerichteten Verteidigungsrede des Sokrates, die noch der Redner Libanios im 4. Jahrhundert n. Chr. benützte. Die Sprache des Lysias ist nüchtern, klar und schlicht.

Obwohl auch von der Tätigkeit als Gerichtsredner ausgegangen, wandte sich **Isokrates** (436—338) einer ganz andern Richtung und Auffassung der Redekunst zu. Er war Schüler des Gorgias und steht überhaupt der Sophistik wesentlich näher als den Sokratikern, mit denen er geraume Zeit nach dem Tode des Meisters auch Beziehungen anknüpfte und in deren Kreisen man keine geringen Hoffnungen auf ihn setzte, wie aus dem Schluß von Platons Phaidros hervorgeht. Im Anschluß an die Popularisierung der wissenschaftlichen Erkenntnisse durch die Sophistik hatte er sich ein Ideal von allgemeiner Bildung — das bedeutet bei ihm φιλοσοφία — zurechtgemacht, das er als geeignete und notwendige Grundlage für jede höhere Geistestätigkeit betrachtete. Er eröffnete daher zuerst (390) in Chios, dann etwa zwei Jahre später in Athen seine mit Platons Akademie rivalisierende Rednerschule, die sich bald eines starken Besuchs erfreute und aus der eine Reihe bedeutender Staatsmänner, Geschichtschreiber (S. 118) und Dichter (z. B. der Tragiker Theodektes) hervorging (Cic. de or. II 22, 94). Mit mehreren Fürsten, wie Euagoras von Kypros, Archidamos von Sparta, Philipp von Makedonien, stand Isokrates im Verkehr. Denn er teilte in der Politik die panhellenische Gesinnung seines Lehrers und erwartete von Philipp die Zusammenfassung Griechenlands zum Kampf gegen Persien (Phil. 150). Isokrates trat nicht als Redner in der Volksversammlung auf, sondern seine mit feinster stilistischer Kunst ausgearbeiteten „Reden“ sind in Wirklichkeit politische Flugschriften mit dem Zweck, auf die äußere und innere Politik Athens bestimmend einzuwirken. Unter den 21 Reden und 9 Briefen, die wir von ihm besitzen, war schon im Altertum die am meisten bewunderte der Panegyrikos (380), eine Lobrede auf Athen, an der er zehn Jahre arbeitete und der er vierzig Jahre später den Panathenaikos ähnlichen Inhalts folgen ließ. Der Areopagitikos (354) ist bedeutsam, weil er auf eine Modifizierung der demokratischen Verfassung abzielt. In dem Sendschreiben an Philipp (346) fordert er den König auf, sich an die Spitze des geeinten Hellas zu stellen und dieses gegen Persien zu führen. Die bedeutendste Gerichtsrede ist die „Über den Vermögenstausch“ (353), in die zahlreiche Wiederholungen aus früheren Reden eingelegt sind. In die Gattung der epideiktischen Rede gehört der Euagoras (374), der als erster biographischer Versuch für die Literaturgeschichte von Bedeutung geworden ist. An den Sohn dieses kyprischen Fürsten, Nikokles, richtete Isokrates eine Mahnrede über die Pflichten der Regenten und eine entsprechende, diesem selbst in den Mund gelegte, an seine Untertanen. Am weitesten verbreitet wurde aber unter den paränetischen Schriften die Spruchsammlung „An Demonikos", die sogar ins Syrische übersetzt und noch im byzantinischen Zeitalter viel gelesen wurde. Ihr Verfasser ist jedoch nicht Isokrates selbst, sondern wahrscheinlich sein gleichnamiger Schüler aus Apollonia. So hat Isokrates eine außerordentlich weitreichende Wirkung ausgeübt und doch wird man bei der Lektüre seiner Schriften nicht warm. Dieselbe formale Kunst, die Spielereien wie den Busiris und die Helena hervorgebracht hat, beherrscht auch die größeren und ernsteren Werke, ohne daß man aus den formvollendeten Perioden den Herzschlag einer kraftvollen Gesinnung und eines entschlossenen Willens heraushören würde.

Aus der Schule des hauptsächlich in Erbschaftsprozessen tätigen Gerichtsredners Isaios ging der größte Redner des Altertums und vielleicht aller Zeiten hervor: **Demosthenes** (384—322). Als Sohn eines Waffenfabrikanten gehörte er den wohlhabenden Kreisen an, mußte aber nach dem frühen Tode des Vaters sein Vermögen auf gerichtlichem Weg seinem ungetreuen Vormund Aphobos abringen. Nicht ohne Überwindung körperlicher Widerstände erkämpfte er sich mit eiserner Energie die Laufbahn des staatsmännischen Redners. Seinen Stil bildete er besonders an seinem Lieblingsschriftsteller Thukydides. Was ihm aber seine Schlagkraft verlieh, das war neben der Klarheit der in leicht verständlicher Form vorgetragenen Gedanken der von der echten Leidenschaft einer feurigen Vaterlandsliebe durchglühte, hinreißende Schwung seiner Rede. Mit der ganzen Kraft seiner starken Persönlichkeit setzte er sich für sein politisches Ideal, die Erhaltung der Unabhängigkeit und die Wiederherstellung der früheren Macht Athens ein, die er durch die makedonische Militärmonarchie bedroht sah. Bei seinem Kampf gegen die schwachmütige, der Menge zu gefallen strebende Politik des Eubulos, die jeden Antrag auf Verwendung der Theatergelder für militärische Zwecke mit Todesstrafe bedrohte, stellte er freilich die seit dem unglücklichen Ausgang des peloponnesischen Krieges gesunkene Volkskraft und die dadurch bewirkte Verminderung der finanziellen und kriegerischen Leistungsfähigkeit Athens nicht genügend in Rechnung. Auch seine Unzugänglichkeit für den panhellenischen

Gedanken einer Sammlung der griechischen Kleinstaaten unter makedonischer Führung gegen den persischen Erbfeind mag man als eine Einseitigkeit, seine Begeisterung für die auf immer dahingegangene Herrlichkeit des attischen Reichs als einen romantischen Zug betrachten. Aber jedenfalls war er ein Mann aus einem Guß, der sein ganzes Leben an die Verwirklichung seines Ideals setzte. Es gelang ihm schließlich auch, die beiden alten Feinde, Athen und Theben, in einem Bündnis gegen Philipp zu vereinigen, das freilich bei Chaironeia (338) der makedonischen Übermacht erlag. Aber gerade in diesen Jahren (340, 339, 336) erkannten seine Mitbürger die Richtigkeit und Uneigennützigkeit der Politik des Demosthenes durch wiederholte Verleihung eines goldenen Kranzes an. Sein Versuch, die unterschlagenen Gelder des Harpalos, eines ungetreuen Schatzmeisters Alexanders, in den Dienst der antimakedonischen Sache zu stellen (324), war ein Mißgriff, aber nicht mehr. Nach dem verhängnisvollen Ausgang des Lamischen Krieges (322) zum Tode verurteilt, flüchtete er sich nach der Insel Kalaureia und endete, von den Schergen des Antipatros umstellt, sein Leben durch Gift, indem er so seine politische Überzeugung mit dem Tode besiegelte.

Auch Demosthenes ging von der Awaltstätigkeit aus. Wir haben unter seinem Namen 60 Reden und einen Brief, wovon 33, darunter 18 Staatsreden, Anspruch auf Echtheit erheben können. Die berühmtesten sind die 8 Philippischen Reden, deren Bezeichnung Cicero für seine Angriffe gegen Antonius entlehnt hat. Die politische Tätigkeit des Demosthenes läßt sich in drei Abschnitte einteilen. Der erste umfaßt die Jahre 351—346. In diesen fallen die erste philippische Rede, die drei olynthischen und die Rede über den Frieden, an dessen Abschluß Demosthenes neben Philokrates und Aischines beteiligt war. Der zweite Abschnitt reicht von 345—338. Ihm gehören die gegen Aischines gerichtete Rede über die Truggesandtschaft (343), die zweite und dritte philippische Rede (341) und die im gleichen Jahr zwischen beiden gehaltene Rede über die Angelegenheiten im Chersonnes an. In den letzten Abschnitt (338—322) fällt die Rede vom Kranz (330), veranlaßt durch Ktesiphons Antrag, Demosthenes durch Verleihung eines goldenen Kranzes zu ehren, dessen Ausführung Aischines durch eine Klage wegen Gesetzwidrigkeit gegen Ktesiphon zu verhindert suchte. Sie ist das vollendetste Meisterwerk des Redners und enthält eine Rechtfertigung seiner gesamten Politik. Aischines unterlag und verließ Athen, ohne dahin zurückzukehren. — In eigener Sache trat Demosthenes mit der Anklagerede gegen Meidias (347) auf, der ihn drei Jahre vorher als Choregen tätlich beleidigt hatte.— Auch die Reden des Demosthenes sind nieht in der Form gehalten, wie sie vorliegen, sondern nachträglich für die Veröffentlichung bearbeitet. Die in eine Anzahl Reden eingelegten Urkunden (Gesetze, Volksbeschlüsse, Zeugenaussagen) sind großenteils gefälscht und das Machwerk später Kommentatoren. Von dem größten erklärenden Werk zu Demosthenes, dem 28 Rollen umfassenden Kommentar des Grammatikers Didymos aus Alexandria, eines Zeitgenossen Ciceros, ist uns ein beträchtliches Stück zu den Philippischen Reden in einem Berliner Papyrus erhalten.

Weder an Charakter noch an geistiger Bedeutung kann sich mit Demosthenes sein gehässiger Gegner Aischines (389—314) messen, der Führer der makedonerfreundlichen Partei in Athen: Die 3 von ihm erhaltenen Reden (gegen Timarchos, der die Anklage wegen der Truggesandtschaft gegen ihn erhoben hatte, über diese selbst und gegen Ktesiphon) verdanken ihre Berühmtheit dem Gegner, gegen dessen Politik und Person sie gerichtet sind. — Partei- und Schicksalsgenosse des Demosthenes war der freilich an Ernst und Tiefe ihm weit nachstehende Hypereides (389—322), der 343 die Verurteilung des Philokrates wegen Hochverrats herbeiführte. Wir haben von ihm sechs Reden, darunter eine in der harpalischen Angelegenheit (S. 124) gegen Demosthenes gerichtete, mit dem er sich übrigens später wieder versöhnte, und eine Leichenrede auf die im Lamischen Krieg Gefallenen (322). Er wurde von Antipatros hingerichtet. — Nur eine einzige, an patriotischen Dichterzitaten reiche Rede (gegen Leokrates wegen Hochverrats bei Chaironeia) besitzen wir von Lykurgos, dem verdienstvollen Reformator der athenischen Finanzen (338—327), der den Bau des steinernen Dionysostheaters vollendete, die Statuen der drei großen Tragiker in diesem aufstellen und ein amtliches Exemplar ihrer Stücke herstellen ließ. — Als letzter Redner erscheint in dem Kanon Deinarchos aus Korinth (geb. um 360, seit 342 in Athen tätig). Von den drei erhaltenen Reden wendet sich eine gegen Demosthenes in der harpalischen Sache, wobei im Anschluß an Aischines seine ganze Politik verurteilt wird.

Eine besondere Stellung nimmt der mehr theoretisch gerichtete Gorgiasschüler Alkidamas (S. 107) aus Elaia in Äolien ein, der in seiner uns erhaltenen Rede „Über die Sophisten" im Gegensatz zu Isokrates die Fähigkeit zur Stegreifrede als notwendiges Erfordernis des Redners betonte und in seinem „Museion" allerlei Anekdoten über ältere Dichter erzählte, darunter die Geschichte vom Wettkampf des Homer und Hesiod (S. 33f,).

Die attische Philosophie. Anaxagoras hatte die ionische Philosophie nach Athen getragen. Daß sein Schüler Archelaos (S. 103) der Lehrer des **Sokrates** (469—399) gewesen sei, ist wahrscheinlich späte philosophiegeschichtliche Konstruktion. Denn so gewiß dieser von der ionischen Philosophie Kenntnis genommen hat (Plat. Phaid. 97 C; Xen. Mem. I 6, 14), so gewiß hat er ganz neue, eigene Bahnen eingeschlagen. Obwohl Sokrates nichts geschrieben hat, kann ihn die Literaturgeschichte nicht übergehen, da die gesamte weitere Entwicklung der griechischen Philosophie durch sein Denken mehr oder weniger bestimmt ist. Sokrates ist durchaus original als Persönlichkeit wie als Denker und der Zauber, den der schlichte Sohn des Bildhauers Sophroniskos auf die verschiedenartigsten Naturen ausübte, muß seinen Quellpunkt noch mehr in jener als in diesem gehabt haben: in der völligen Unbefangenheit, mit der er an die Dinge und an die Menschen herantrat, in der merkwürdigen Verbindung von Rationalismus und Mystik, die sein innerstes Wesen ausmachte, und in der Selbstverständlichkeit, mit der für ihn Denken und Handeln, Erkennen und Leben zusammenfiel. Zweierlei ist es, wodurch er dem griechischen Denken eine neue Wendung gab: das Suchen nach dem Begriff und die Ethisierung der Philosophie. Sokrates hat mit der Sophistik manches gemein: wie sie, so stellt auch er den Menschen in den Mittelpunkt seines Nachdenkens, wie sie steht er allem nur Hergebrachten kritisch gegenüber, wie sie ist er Jugenderzieher und will die Tüchtigkeit lehren. Aber während die Sophistik einer erkenntnistheoretischen Skepsis huldigte, ist das sokratische Nichtwissen nur eine methodische Skepsis, die in Wirklichkeit auf die Auffindung fester Begriffe ausgeht, und während die Sophistik höchstens relativ gültige Normen des Handelns anerkennt, sucht Sokrates zum Unbedingten vorzudringen: er sucht hinter den mannigfaltigen Sitten die Sittlichkeit, hinter dem geltenden Recht die Gerechtigkeit, hinter den geschichtlich gewordenen Staatsformen die Grundsätze einer Gesellschaftsordnung, hinter den verschiedenartigen Göttern die Gottheit und hinter der Wahrscheinlichkeit die Wahrheit. Er beginnt beim einzelnen Menschen und sucht diesen zu der auf der Autonomie der Vernunft beruhenden Autarkie, d. h. zu einer in sich gefestigten sittlichen Persönlichkeit, zu erziehen. Auf diesem Wege will er Volkserzieher werden und damit seinem Volke das Eine bringen, was not ist und was ihm seine ganz im Kultus aufgehende Religion nicht bieten konnte. Und während die Sophisten ihre Lehren in zusammenhängendem Vortrag mitteilten, liebt Sokrates das Gespräch mit lebhafter Wechselrede und wird damit der geistige Vater des philosophischen Dialogs, den seine Schüler in die Literatur einführten. Durch seine Ironie hat er vielfach Anstoß erregt und so bildete sich, gefördert durch die Hetzarbeit der Komödie (S. 94), eine starke Gegnerschaft gegen ihn, zumal er sich auch nicht scheute, die Schwächen des demokratischen Staates, dessen loyaler Bürger er übrigens war, schonungslos aufzudecken. Die restaurierte Demokratie hat sich den traurigen Ruhm erworben, dem einzigartigen Manne wegen Gottlosigkeit und Verderbnis der Jugend den Schierlingsbecher zu reichen. Aber durch die Art, wie er in den Tod ging, ist er erst recht der Typus des wahren Philosophen für alle Zeiten und wirklich unsterblich geworden.

Die Sokratiker. Sokrates gehörte zu den nicht allzu zahlreichen Gestalten der Weltgeschichte, die die Menschen zu einer sittlichen Entscheidung drängen und die daher ebenso heftigen Widerspruch als hingebende Begeisterung hervorrufen. So entbrannte bald nach seinem tragischen Ende der literarische Kampf um seine Bedeutung. Die schon erwähnte (S. 117), dem Anytos in den Mund gelegte Anklagerede des Sophisten Polykrates, die den Sokrates politisch verdächtigte, rief seine Schüler zur Verteidigung des Angegriffenen in die Schranken: Platon, Lysias (S. 121), Xenophon (S. 117) veröffentlichten ihre „Verteidigungsreden des Sokrates". Noch wichtiger war es, daß nun sokratische Dialoge geschrieben wurden, wodurch eine ganz neue Form der philosophischen Literatur entstand, wenn sie auch von der Sophistik und einem nur dem Namen nach bekannten Alexamenos von Teos schon angebahnt war. Hierher gehören einige der schon oben genannten Schriften Xenophons (S. 117) sowie sieben Dialoge des Aischines von Sphettos, der vielleicht das Bild des geschichtlichen Sokrates am treuesten wiedergab. Wir haben daraus einige nicht unbeträchtliche Reste, z. B. aus dem „Alkibiades", der den Sokrates auch gegen die Vorwürfe des Polykrates in Schutz nahm, aus der „Aspasia", worin auf eine Verinnerlichung der Ehe gedrungen wurde, und aus dem „Kallias", der die Nachteile des Reichtums und die Vorzüge der Armut für die Sittlichkeit erörterte.

Da aber Sokrates keineswegs ein dogmatisches Lehrsystem aufgestellt, sondern seine Aufgabe darin gesehen hatte, die Menschen aus ihrer Gedankenlosigkeit aufzurütteln und zu eigenem Nachdenken über die sittliche Regelung des Lebens anzuregen, so ist es begreiflich, daß sich — ähnlich wie bei Jesus — das Bild des Meisters in den Köpfen der Schüler verschieden spiegelte und daß sich mehrere in ihren Lehren auseinandergehende Schulen an ihn anschlossen.

Als den berufenen Nachfolger des Sokrates betrachtete sich Antisthenes (etwa 445—365), der Begründer der Kynischen Schule, so genannt nach dem Gymnasium Kynosarges, in dem er zu lehren pflegte. Von seinen zahlreichen Schriften sind außer zwei in ihrer Echtheit angefochtenen Schulreden „Aias" und „Odysseus", die noch an seine sophistische Vergangenheit erinnern, nur kleine Trümmer auf uns gekommen. In der Erkenntnistheorie Sensualist und Nominalist steigerte er das sokratische Ideal der Autarkie in das Extrem äußerster Bedürfnislosigkeit und sah die Wurzel alles Übels in der Lust. Dies führte ihn zur

Verneinung aller Kultur, zu dem Grundsatz der Rückkehr zur Natur und zu einem individualistischen Weltbürgertum. In religiöser Hinsicht war er Monotheist. Sein „Herakles", in dem er am Lebensgang dieses Heros das Ideal des kynischen Weisen entwickelte, wurde das Vorbild vieler späterer Biographen von sittlichen Heroen bis zu den christlichen Heiligenleben. In dem Dialog „Archelaos oder über das Königtum", der an den von Thukydides gerühmten, von den Sokratikern als Typus des Tyrannen verabscheuten makedonischen Fürsten (S. 114) anknüpfte und den Dion von Prusa in seiner 13. Rede benützte, suchte er zu zeigen, daß nicht Herrschaft und Reichtum, sondern allein die Tugend glücklich mache. Eine boshafte Streitschrift gegen Platon war der Dialog „Sathon". — In Diogenes von Sinope (403—323), dem „toll gewordenen Sokrates", erscheint die sokratische Autarkie vollends zur Karikatur verzerrt. Er besaß einen sarkastischen Witz. Seine Hauptschrift führte den Titel „Der Panther". Auch parodische Tragödien gab es von ihm. — Sein Schüler Krates von Theben verfaßte ein parodisches Epos „Pera" (d. h. der Bettelsack), eine Verherrlichung des kynischen Bettlerlebens.

Den Gegenpol zum Kynismus bildet die von Aristippos (etwa 435—355) gegründete Schule der Kyrenaiker. Erkenntnistheoretischer Sensualist, erklärte er die Lust, und zwar die sinnliche Lust, für das höchste Gut, allerdings mit der Einschränkung, daß der Mensch ihr Herr, nicht ihr Sklave sein solle. In dem zur Zeit Ptolemaios' I. lebenden Hegesias schlug diese Lustlehre in völligen Pessimismus um, den er in einer Schrift „Der Verzweifelte" darlegte. Er empfahl in seinen Vorträgen zu Alexandria mit solchem Erfolg den Selbstmord (daher sein Beiname „Peisithanatos", d. h. Sterberat), daß ihm diese von dem König verboten wurden.

Die dritte von Sokrates ausgegangene Schule ist die der Megariker, begründet von Eukleides (um 450—380). Er suchte die eleatische Alleinslehre mit der sokratischen Ethik zu verbinden. Seine Nachfolger verfielen in spitzfindige Dialektik. Eine gewisse Berühmtheit erlangten in der antiken Logik die Fangschlüsse des Eubulides von Milet, von denen „der Lügner" der bekannteste ist. Auch Stilpon von Megara (etwa 380—300) beschäftigte sich mit logischen Untersuchungen.

Von dem Gründer der elisch-eretrischen Schule, Phaidon, dessen Namen einer der berühmtesten Dialoge Platons trägt, kannte das Altertum zwei Dialoge, „Zopyros" und „Simon": der erste scheint sich mit psychologischen Fragen befaßt zu haben, im zweiten wurde die Philosophie als Heilmittel der kranken Seele empfohlen. Sonst scheint er namentlich Dialektik getrieben zu haben.

Platon und die Akademie. Alle übrigen Schüler des Sokrates überragt an persönlicher und weltgeschichtlicher Bedeutung Platon (427—347), der Sohn des Ariston und der Periktione. Aus vornehmster Familie stammend und durch seine Mutter mit Kritias (S. 93. 108) verwandt, dem er zeitlebens seine Achtung bewahrte, genoß er eine sorgfältige Erziehung. Sein erster philosophischer Lehrer war der Herakliteer Kratylos (S. 103), dessen zu äußerster skeptischer Zurückhaltung auffordernde Erkenntnistheorie dem jungen Denker einen mächtigen Anstoß in gerade entgegengesetzter Richtung gab. Sein erstes großes Erlebnis war die Bekanntschaft mit Sokrates, die er im 20. Lebensjahr machte und der er die begonnene Dichterlaufbahn zum Opfer brachte. Er weckte in ihm den Glauben an die Möglichkeit der Erkenntnis und die Überzeugung von der Notwendigkeit einer sittlichen Regelung des Lebens beim Einzelnen wie beim ganzen Volke. Von Jugend auf daran gewöhnt, die Schäden der Demokratie mit scharfem Auge zu beobachten, lehrte ihn vollends sein zweites großes Erlebnis, die Verurteilung seines geliebten Meisters zum Tode des Verbrechers, daß der hohen Aufgabe der Volkserziehung mit einer bloßen Verfassungsänderung nicht gedient sei, sondern daß hier ein ganz neuer Grund gelegt werden müsse. Er begab sich nach Sokrates' Tod zunächst zu Eukleides nach Megara, scheint aber nach einiger Zeit nach Athen zurückgekehrt zu sein, wo er nun mit einer Reihe von Schriften in den Streit um Sokrates eingriff, wobei seine eigenen Gedanken trotz der pietätvollen Anknüpfung an den unvergeßlichen Lehrer mehr und mehr über diesen hinauswuchsen. Wahrscheinlich fällt in das erste Jahrzehnt nach Sokrates' Tod auch eine große Reise, die Plato nach Kreta, Ägypten und Kyrene führte. Um 390 unternahm er dann eine Reise in den Westen, auf der er in Tarent den vielseitigen Pythagoreer Archytas kennenlernte, der Staatsmann, Feldherr, Mathematiker und Philosoph in einer Person war. Hier empfing Platons Denken den pythagoreischen Einschlag, und er lernte zugleich die äußere Organisation eines philosophischen Verbandes kennen. Von da begab er sich an den Hof Dionysios' I. von Syrakus, in dessen Schwager Dion er einen begeisterten Anhänger und persönlichen Freund gewann. Aber wenn er etwa gedacht hatte, mit Hilfe eines philosophisch interessierten Monarchen hier sein Staatsideal verwirklichen zu können, so erwartete ihn eine herbe Enttäuschung. Der durchaus ethisch gerichtete Denker und der Mann des praktischen Erfolgs paßten nicht zusammen. Ja, auf der Heimreise wurde er, vielleicht auf Anstiften des Dionysios, auf der mit Athen im Kriegszustand befindlichen Insel Aigina gelandet und auf den Sklavenmarkt gebracht, wo ihn aber ein befreundeter Kyrenäer, Annikeris, loskaufte. Nach Athen zurückgekehrt, erwarb Platon im Bezirk des Heros Akademos einen Garten, in dem er nun (um 387) seine hienach Akademie genannte Schule eröffnete, die unter mancherlei Wandlungen bis zum Jahr 529 n. Chr. fortbestand. Nach dem Thronwechsel in Syrakus reiste Platon noch zweimal (367 und 361) an den Hof Dionysios' II., aber nur, um neue Enttäuschungen zu erleben. Später (353) raubten ihm die Parteistreitigkeiten auch noch den Freund, indem Dion von Kallippos, einem entarteten Mitglied der Akademie, ermordet wurde. Platon hatte sich in den letzten 15 Jahren ganz seiner Lehrtätigkeit und der diese begleitenden Schriftstellerei gewidmet. Im Alter von 80 Jahren verschied er, und sofort rankte sich um ihn die Legende, die in ihm einen Sohn Apollons sehen wollte.

In Platons Philosophie kreuzen sich die Gedankengänge verschiedener Richtungen, und insofern ist er, wie Nietzsche ihn nannte, der erste große Mischphilosoph, freilich nicht im

Sinn eines oberflächlichen Eklektizismus, sondern er hat die von verschiedenen Seiten ihm zukommenden Anregungen zu einem durchaus selbständigen Gedankenbau verarbeitet. Im Gegensatz zu der heraklitischen Lehre von der fortwährenden Veränderung des Seienden und zu dem erkenntnistheoretischen und ethischen Relativismus der Sophistik gewinnt Platon in seiner zentralen Lehre von der nur durch das Denken erfaßbaren Welt der Ideen wieder einen festen Gegenstand der Erkenntnis und wird so für alle Zeiten der Schöpfer des Idealismus. Die platonische Idee teilt die Immaterialität mit dem von Sokrates gesuchten Begriff, die Ewigkeit und die Unveränderlichkeit mit dem eleatischen All-Einen und die Gestaltungskraft gegenüber dem Stoff mit der pythagoreischen Zahl. Die höchste Idee ist die Idee des Guten. Schon dies zeigt, daß bei Platon die Dialektik in letzter Linie im Dienst der Ethik steht. Daß die Physik bei Platon ganz zurücktritt, liegt tief begründet im Wesen seines philosophischen Dualismus. Die Natur, die Welt des Stoffes, der Veränderung und der Vergänglichkeit, ist nur ein getrübtes, schattenhaftes Abbild der ewigen Welt der Ideen, aus der auch die menschliche Seele stammt und in die sie zurückkehrt, wenn sie die Fessel des Körpers abgestreift hat. Daher schätzt Platon zwar die Mathematik als die Wissenschaft der festen, reinen Formen und der sicheren Vernunftwahrheiten und die mit ihr verwandte Astronomie aufs höchste, verwirft aber das naturwissenschaftliche Experiment und verbannt nach schwerem Kampfe mit sich selbst (Staat X, 607 B) sogar die Dichtkunst (vgl. S. 136) aus seinem Staate. Zur bildenden Kunst hat er überhaupt kein Verhältnis. So tritt Platon unter der Einwirkung des weltflüchtigen orphisch-pythagoreischen Dualismus zu wesentlichen Werten der griechischen Kultur in einen bewußten Gegensatz. Und doch kann auch er den Griechen nicht ganz verleugnen; es gibt eine Macht, welche die sinnliche und die geistige Welt miteinander verbindet: das ist die an irdischer Schönheit sich entzündende Liebe, deren Flügel den redlich Strebenden zur Schau der ewigen Schönheit und Wahrheit emportragen.

Diese seine Gedankenwelt, deren Grundlinien hier nur flüchtig skizziert werden konnten, hat aber Platon nicht in einem fertigen, zusammenhängenden System niedergelegt, sondern wir begleiten in seinen Schriften, deren Ausarbeitung ihm nur „ein schönes Spiel“ (Phaidr. 276 E) war, den stets sich wandelnden, suchenden und ringenden Wahrheitsforscher vom frühen Mannesalter über die Höhe des Lebens bis zur Verdüsterung des lebensmüden Greises. Dichter und Denker zugleich, ist Platon der größte Prosaiker der griechischen, ja der antiken Literatur überhaupt geworden. Die Form seiner Schriften ist, von der Apologie abgesehen, der sokratische Dialog, den er auf die Höhe seiner Vollendung geführt und in dem er dem Lehrer, dem er sein geistiges Leben verdankte, soweit man es einem Menschen verdanken kann, ein Denkmal höchster Pietät gesetzt hat. Überall außer in den Gesetzen und im Politikos, in dem ein „jüngerer Sokrates“ eingeführt wird (Aristot. Metr. VI 11. 1036b 25), ist Sokrates an dem Gespräch beteiligt, meist beherrscht er es. Äußerlich betrachtet, zerfallen die platonischen Dialoge in zwei Gruppen von verschiedener Form: in dramatische und erzählende. In den ersteren setzt das Gespräch ohne Einleitung sofort ein; die andern sind erzählte Dialoge, eine Form, die einerseits dem Verfasser die Möglichkeit bot, so stimmungsvolle, mit höchster Feinheit und Kunst ausgeführte Szenerien zu entwerfen, wie wir sie im Protagoras und Lysis, im Phaidros und Symposion, am Anfang des Staats und im Phaidon bewundern, andererseits aber in der Umrahmung des einen Gesprächs durch das andere und durch die Notwendigkeit, erzählende Zwischenbemerkungen einzufügen, auch einer gewissen Schwerfälligkeit nicht entbehrte. Platon hat daher, wie er ausdrücklich erklärt (Theait. 143 C), diese Form des Dialogs später aufgegeben. Manchmal hat er sogar mehrere innerlich zusammenhängende Dialoge nach dem Vorbild der Tragödie zu Trilogien zusammengefaßt. In den spätesten Werken erstarrt die dialogische Form mehr und mehr und nähert sich dem dogmatischen Vortrag. Platons Stil ist so mannigfaltig und biegsam, daß er alle Tonarten vom witzigen Hohn und Spott bis zum feierlichsten

Ernste meisterhaft beherrscht. Ein besonderer Schmuck seiner Darstellungskunst sind die Mythen, die er zur deutlicheren Veranschaulichung seiner Gedanken und besonders da gern anwendet, wo der begriffliche Ausdruck nicht mehr ausreicht, um die philosophische Idee zu fassen: so das berühmte Höhlengleichnis im Anfang des 7. und die Lebenswahl am Schluß des 10. Buchs des Staats oder das Bild vom Seelengespann im Phaidros und die Schilderung des jenseitigen Gerichts am Ende des Gorgias.

Die weltgeschichtliche Wirkung Platons kann kaum überschätzt werden. Nicht nur hat er für die immer aufs neue entbrennende „Riesenschlacht um den Begriff des Seins" (Soph. 246 A) die Parole ausgegeben, der die idealistische Philosophie folgen muß, sondern er hat auch durch den mystischen Zug, der ihm bei aller Schärfe des Denkens eigen war, der Philosophie eine sie immer aufs neue belebende religiöse Wärme eingehaucht. Wo fernerhin der Glaube an die Unsterblichkeit der Seele auftritt, da ist irgendwie Platon mit im Spiele. Durch die ganze, jenseitig orientierte Richtung seiner Philosophie hat er auch dem Christentum mächtig vorgearbeitet, obwohl die nach ihm sich nennende platonische Schule die letzte Hochburg „heidnischen" Denkens wurde, und nicht umsonst hat Raffael auf seiner „Schule von Athen" die Prophetengestalt des athenischen Weisen in den Mittelpunkt gestellt.

Platon hat seine Schriftstellerei wahrscheinlich erst nach dem Tode des Sokrates begonnen (Ap. 39 D). Wir besitzen seine sämtlichen Schriften, wie sie Thrasyllos, der Hofastrolog des Kaisers Tiberius, in 9 Tetralogien angeordnet hatte (Apologie, 34 Dialoge und 12 Briefe, die als 1 Werk gerechnet wurden). Ihre Chronologie ist jetzt auf Grund von inhaltlichen und stilistischen Merkmalen im großen und ganzen festgelegt, so daß sich drei Stadien der Entwicklung unterscheiden lassen: die sokratische Periode, die pythagoreisierende Periode der Vollreife und die Alterswerke.

I. Die sokratische Periode umfaßt die Schriften, in denen sich Platon noch ganz im Banne des intellektualistischen Determinismus des Sokrates befindet. Hierher gehören außer den unmittelbar der Verteidigung des Meisters gewidmeten Schriften, Apologie und Kriton (Sokrates im Gefängnis), die Dialoge Euthyphron, Laches und Charmides, in denen der Begriff einzelner Tugenden, der Frömmigkeit, Tapferkeit und Besonnenheit, erörtert wird. Dann beginnt im Ion der Kampf gegen die Dichter und Rhapsoden, sowie in den beiden Hippias, dem Euthydemos, der sich zugleich auch gegen Antisthenes wendet, und im Protagoras die Abrechnung mit der Sophistik. Der letztere Dialog, der, wie „Die Schmeichler" des Eupolis (S. 96), im Haus des reichen Kallias außer dem Abderiten auch noch den Prodikos und Hippias mit ihrem Anhang vorführt, gehört nach der künstlerischen Seite zu den vollendetsten. Das Thema bildet die Frage nach der Lehrbarkeit der Tugend. Ferner werden dieser Periode noch zuzuweisen sein der Lysis, der von der Freundschaft handelt, und der Kratylos, der erste Versuch einer Sprachphilosophie, der wiederum die Lehre des Antisthenes mitberücksichtigt. Ironisiert alsdann der Menexenos die im öffentlichen Leben sich mehr und mehr einbürgernde epideiktische Rede, so greift der nach der ersten sizilischen Reise verfaßte Gorgias die sophistische Rhetorik in ihrem glänzendsten Vertreter mit bitterem Ernst an. Der Kampf gegen die Rhetorik vertieft sich hier zu einer grundsätzlichen Gegenüberstellung zweier Lebenstypen: desjenigen des politischen Praktikers, der nach Maßgabe der von Kallikles mit großartigem Schwung vertretenen Lehre vom Recht des Stärkeren nur seinen Vorteil und den äußeren Erfolg im Auge hat, und desjenigen des beschaulichen Philosophen für den das Sittlichgute die unbedingte Richtschnur seines Lebens bildet. Die sokratische Lehre vom Tugendwissen ist hier stillschweigend aufgegeben, und die Philosophie erscheint als das Heilmittel der kranken, durch irdische Begierden befleckten Seele. Obwohl sich der Dialog noch in den Bahnen der sokratischen Dialektik bewegt, so zeigt doch der Mythus am Schlusse die Naht, durch welche diese mit der neuen pythagoreisierenden Lebensauffassung verbunden ist. Zum erstenmal wird hier die Ethik transzendent begründet und alle rein diesseitigen Bestrebungen, Rhetorik, Dichtkunst, Politik, so rücksichtslos verworfen, daß man die Schrift wohl eine Absage an die Welt nennen darf. Sie war daher auch späteren Rhetoren wie Aristeides (cr. 46) ein Dorn im Auge.

II. Die (pythagoreisierende) Periode der Vollreife. Der erste Dialog, in dem die Ideenlehre vorausgesetzt wird, ist der Menon, der das Erkennen auf eine Erinnerung der Seele an die von ihr in ihrer Präexistenz geschauten Ideen zurückführt. Zwei Gegenbilder stellen das Symposion und der Phaidon dar. Dort Sokrates in der Mitte geistreicher Freunde beim frohen Festmahl zu Ehren eines Tragödiensiegs des Dichters Agathon (S. 93), wo man sich über das Wesen des Eros unterhält, von Alkibiades gefeiert als der Held in der Schlacht und in der Selbstbeherrschung: alles voll sprühenden Lebens, wie es Anselm Feuerbach in seinem Gemälde dargestellt hat. Im Phaidon der sterbende Weise, der heiteren Gemüts unter tiefsinnigen Gesprächen über das Wesen der Seele dem Tod ins Auge schaut und auch über ihn Sieger bleibt. Der Dialog mit seiner tiefpessimistischen Lebensauffassung, nach der „die wahre Philosophie Übung im Sterben und Totsein" ist (64 A. 67 E. 80 E), ist vielleicht der Pythagoreergemeinde in Phleius gewidmet. Den Höhepunkt von Platons Schaffen bildet das jedenfalls von langer Hand vorbereitete Werk über den Staat. Es mag um 374 vollendet sein. Von den mancherlei Vermutungen über seine allmähliche Entstehung hat diejenige am meisten für sich, daß das erste Buch, das die Unterredungen des Sokrates mit Kephalos und dem weiterhin nur noch als Zuhörer (VI 498 B) beteiligten Sophisten Thrasymachos (S. 107) enthält und das Platon selbst (II 357 A) als Prooimion bezeichnet, einer früheren Zeit entstammt und vielleicht auch einmal selbständig veröffentlicht worden war (Gell. XIV 3, 3. Diog. L. 3, 37). In bewußtem und gewolltem Gegensatz zu den wirklich bestehenden Staatsformen konstruiert Platon seinen Staat in rein deduktiver Weise. Den drei Seelenteilen, der Vernunft, dem Gemüt und dem Begehren (νοῦς, θυμός ἐπιθυμητικόν), entsprechen die drei Stände der philosophischen Regenten, der Wächter, der Bauern und Gewerbetreibenden, und diesen wieder die drei Tugenden der Weisheit, der Tapferkeit und der Mäßigung. Der Staat als Ganzes aber verkörpert die Gerechtigkeit. Für die beiden obersten Stände, die sich ganz dem Dienst des Staates widmen sollen, ist sowohl die Familie als das Privateigentum aufgehoben. Die Erziehung der Kinder übernimmt der Staat, und zwar für Knaben und Mädchen nach denselben Grundsätzen. Der platonische Staat ist ein durchaus aristokratisches Gemeinwesen, weshalb die Demokratie und die Tyrannis der schärfsten Kritik unterzogen werden, einer Kritik, die auf scharfer Beobachtung der Wirklichkeit beruht (B. 8 und 9). Sind dabei auch Berührungen mit dem spartanischen Staatswesen unverkennbar, so weicht doch der platonische Staat von diesem grundsätzlich insofern ab, als er eine Anstalt zur sittlichen Erziehung des Volkes, besonders der beiden oberen Stände ist. Diesem Zweck dient auch die unter den Gesichtspunkt der Abhärtung gestellte Gymnastik sowie die Verbannung der Poesie (Homers und der Tragödie) und der Musik, soweit diese nur ästhetischen und nicht ethischen Zwecken dienen. Der dem Pamphylier Er, dem Sohn des Armenios, in den Mund gelegte Mythus vom Schicksal der Seelen am Schluß des 10. Buchs enthüllt endlich den metaphysischen

Hintergrund des ganzen Werks. Dieser Staat, der mehr den Charakter einer Kirche als eines weltlichen Staates trägt, konnte dem hl. Augustinus als Vorbild für seinen „Gottesstaat“ dienen, und er hat seine Verwirklichung bis zu einem gewissen Grad in der Organisation der katholischen Kirche gefunden. — Bald nach dem Staat dürfte der Phaidros verfaßt sein, der in kunstvoller Verbindung im Anschluß an eine Rede des Lysias über die Liebe die doppelte Frage nach dem Wesen des Eros und der Möglichkeit einer philosophischen Rhetorik behandelt. Nach einer unhaltbaren antiken Angabe (Diog. L. 3, 36) wurde er lange als die Erstlingsschrift Platons angesehen. — An das Ende dieser Periode gehört der Theaitetos, der dem Problem der Erkenntnistheorie gewidmet ist und sich mit der heraklitischen Physik und dem damit in Verbindung gebrachten Individualismus des Protagoras auseinandersetzt.

III. Die Alterswerke. War schon im Theaitetos auf die von Eukleides wieder berücksichtigte eleatische Lehre hingedeutet worden, so läßt Platon im Parmenides seine Ideenlehre durch diesen Philosophen einer Kritik unterziehen, vielleicht mit der Absicht, gerade ihre Verwandtschaft mit dem Eleatismus aufzuzeigen. — Der Sophistes setzt den Theaitetos fort und gelangt zu einer vollständigen Verwerfung der von den „Ideenfreunden“, d. h. dem früheren Platon, vertretenen Ideenlehre. — An ihn schließt sich der Politikos, in dem der greise Denker für die Monarchie in der Form des aufgeklärten Despotismus eintritt. Diese beiden Dialoge sollten mit einem dritten, unausgeführt gebliebenen, dem „Philosophos“, eine Trilogie bilden (Soph. 257 A). — Der Philebos erörtert (mit dem Blick auf Aristippos) das Verhältnis des Guten zur Lust, eine Frage, die Platon schon früher (Protagoras, Gorgias, Staat) wiederholt angeschnitten hatte. — Der Timaios, der einzige naturwissenschaftliche Dialog Platons, der eine eingehende Weltbildungslehre gibt und in dem die Ideenlehre wiederhergestellt erscheint, knüpft an den Staat an, insofern er dessen Verwirklichung in die Urzeit Athens zurückprojiziert und seine Fortsetzung in dem unvollendeten Kritias findet, der jenem Urathen als Gegenbild das imperialistische Seereich „Atlantis“ gegenüberstellt, um es dann im Kampf mit jenem unterliegen zu lassen. Auf den Kritias sollte noch ein Dialog „Hermokrates“ folgen, so daß diese drei Dialoge mit dem Staat zusammen eine Tetralogie gebildet hätten. — Wie sehr Platon an der praktischen Nutzbarmachung seiner politischen Ideen lag, erkennt man daran, daß er noch im höchsten Alter in den 12 Büchern der Gesetze einen neuen, der Wirklichkeit sich mehr annähernden Staatsentwurf vorlegte, in dem er eine gemischte Verfassungsform empfahl. Die dualistische Metaphysik Platons erhält hier ihre Krönung durch die ganz und gar ungriechische, wahrscheinlich auf iranischen Einfluß zurückzuführende Annahme einer bösen Weltseele. Und neben tiefen und fruchtbaren astronomischen Gedanken, wie einer Andeutung der Möglichkeit des heliozentrischen Systems (VII 822 A), treffen wir auf eine gegen Unbelehrbare mit Gefängnis und Todesstrafe vorgehende religiöse Unduldsamkeit (X 909 A), die an dem Verfasser der Apologie schmerzlich berührt.

Außer den Dialogen besitzen wir unter Platons Namen noch zwölf Briefe, unter denen der 6., 7. und 8. am ehesten Anspruch auf Echtheit erheben können. Sie beziehen sich auf Hermias von Atarneus (S. 139) und die sizilischen Verhältnisse.

Unter den unechten Dialogen verdienen Beachtung: der Axiochos, dessen pessimistische Lebensbetrachtungen sich als Echo des Sophisten Prodikos (S. 105) geben, der auch im Eryxias sich über Wert und Unwert des Reichtums ausläßt; der erste Alkibiades, der besonders von den Neuplatonikern hochgeschätzt und zur Einführung in das Platonstudium benutzt wurde; der Kleitophon, der sich, vermutlich gegen Antisthenes polemisierend, mit dem Staatsproblem befaßt; der Theages, in dem der Einfluß des Sokrates auf seine Schüler ins Wunderhafte gesteigert erscheint, und die Epinomis, ein Anhang zu den Gesetzen, verfaßt von Platons Schüler Philippos von Opus.

Die Leitung der Akademie übernahm nach Platons Tod sein Neffe Speusippos (347—339), der mit seiner Schrift „Über die pythagoreischen Zahlen" ebenso wie sein Nachfolger Xenokrates aus Chalkedon (339—314) in den immer stärker pythagoreisierenden Bahnen des alternden Platon weiterging. Literarisch wichtiger als die beiden letzten Vorstände der sog. alten Akademie, Polemon und Krates (bis 268), wurde der Akademiker Krantor aus Soloi in Kilikien (etwa 330—270) mit seiner viel gelesenen Schrift „Über das Leid" (περὶ πένθους), die in der Gattung der antiken Trostschriften eine hervorragende Stellung einnahm und u. a. von Cicero und Plutarch benutzt wurde, sowie als Verfasser des ersten Kommentars zu Platons Timaios. So wenig man sich die platonische Akademie als eine Organisation für wissenschaftliche Einzelforschung vorstellen darf (trotz der Schilderung des Komikers Epikrates bei Ath. II

59 D ff.), so fanden doch neben der Dialektik, Ethik und Metaphysik, Mathematik und Astronomie in ihr eine eifrige Pflege. In dieser Hinsicht verdanken dem dort empfangenen Unterricht wichtige Anregungen Eudoxos von Knidos (408 bis 355 oder 390—337), der Neubegründer der Mathematik, auf den das geometrische Lehrbuch des Eukleides großenteils zurückzugehen scheint und dessen astronomische Lehren Aratos in seinem Gedicht über „Himmelserscheinungen" benutzte, sowie Herakleides Pontikos (etwa 390—310), der Verfasser zahlreicher, vielfach dichterisch ausgeschmückter Dialoge über philosophische und naturwissenschaftliche Fragen. In einem derselben „Über die Vorgänge am Himmel" führte er zwei Pythagoreer, Hiketas und Ekphantos, redend ein und gab zwei hypothetische Erklärungen unseres Sonnensystems: diejenige, die in der Neuzeit Tycho Brahe erneuerte, und die später (um 280) von Aristarchos von Samos bewiesene, die Coppernicus endgültig zum Siege führte.

Aristoteles. Platons bedeutendster und zugleich selbständigster Schüler war Aristoteles aus Stageiros auf der Halbinsel Chalkidike (384—322). Sohn des Nikomachos, des Leibarztes des Königs Amyntas III. von Makedonien, wurde er von seinem 18. Jahre an zwei Jahrzehnte lang (367—347) der Schüler des alternden Platon. Nach Platons Tode begab er sich mit einigen andern Platonikern (6. plat. Brief) nach Assos in der Troas und knüpfte dort Verbindungen mit Hermias, dem Herrscher von Atarneus, an, mit dessen Nichte Pythias er sich vermählte und zu dem er sich nach dessen Hinrichtung durch Artaxerxes III. in einem ergreifenden Hymnus bekannte. Hatte er schon als Mitglied der Akademie in Athen einige Schriften platonisierender Richtung veröffentlicht, die er später als „exoterische" bezeichnete, wie den Dialog „Eudemos" über die Unsterblichkeit oder den „Protreptikos", ein Sendschreiben an den Fürsten Themison von Kypros über den Wert und Zweck der Philosophie, so begann er jetzt selbständig zu lehren und die platonische Philosophie in seinem Sinne umzubilden. Dies geschah vor allem in der verlorenen Programmschrift „Über die Philosophie", die mit der platonischen Ideenlehre brach. Aber auch in den erhaltenen Lehrschriften über Metaphysik, Ethik und Politik sind noch Spuren jener ersten Entwürfe nachweisbar, ja in der sog. „Eudemischen Ethik“ liegt ein solcher noch in größerem Umfang vor. Nach kurzer Wirksamkeit in Mitylene auf Lesbos übernahm er im Jahre 342 auf König Philipps Wunsch die Erziehung des Thronerben Alexander, in dessen Seele er die Bewunderung für griechische Kultur und den Sinn für wissenschaftliche Forschung pflanzte. Aus dieser Zeit stammt die verlorene Schrift „Über das Königtum“; eine andere „An Alexander oder über Kolonisation“ richtete er an den König nach der Eroberung Persiens. Nach Alexanders Thronbesteigung gründete Aristoteles in dem Gymnasium Lykeion in Athen eine eigene Schule, die nach ihren Wandelhallen (peripatoi) die der Peripatetiker genannt wurde und bei deren Betrieb er sich als großartiger Organisator wissenschaftlicher Arbeit erwies. Obwohl von Athen durch Verleihung der Proxenie geehrt, wurde er nach Alexanders Tod auf Anstiften der antimakedonischen Partei mit einer Asebieklage bedroht, worauf er sich nach Chalkis auf Euboia begab, um, wie er sagte, den Athenern nicht Gelegenheit zu geben, sich zum zweitenmal an der Philosophie zu versündigen. Hier starb er bald darauf im Alter von 62 Jahren.

Bei aller Pietät, die Aristoteles seinem großen Lehrer entgegenbrachte und die in der Elegie an Eudemos von Rhodos den schönsten Ausdruck fand, steht er als Denker und Forscher doch vollkommen ebenbürtig neben ihm wie auf Raffaels schon erwähntem Bilde. In seiner Philosophie weht ein durchaus anderer Geist als in der Platons: diese ist jenseitig, jene diesseitig orientiert. Schon als Sproß einer alten Ärztefamilie stand Aristoteles der Natur und ihrer empirischen Erforschung ganz anders gegenüber als Platon. Wohl sah auch er nach den Sternen, aber er stand mit beiden Füßen auf der festen, wohlgerundeten Erde. Die medizinischen Forschungen der hippokratischen Schule und die vielseitige und eindringende Naturforschung Demokrits, Platons Antipoden, übten eine starke Anziehungskraft auf ihn aus, und auch von den Kulturtheorien der Sophistik führen, so entschieden er die Eristik mit ihren Trugschlüssen ablehnt, manche Fäden an Platon vorüber unmittelbar zu Aristoteles, der mit seiner Theorie der Tragödie an die Ästhetik des Gorgias (Hel. 9 S. 106) anknüpfte und es ja auch nicht verschmähte, sich eingehend mit der Theorie der Rhetorik zu befassen. In ungemein glücklicher Weise verbindet sich in dem universalen Geiste des Aristoteles die philosophische Systematik mit der Einzelforschung, und zwar so, daß die letztere die Grundlage für die erstere bildet. Ehe er in einer Disziplin seine eigene Theorie aufstellt, sammelt er, z. T. mit Hilfe seiner Schüler, allen erreichbaren Stoff und setzt sich mit den Ansichten seiner Vorgänger auseinander: so war seine Sammlung rhetorischer Theorien (συναγωγὴ τεχνῶν) eine Vorarbeit für seine Rhetorik, seine Didaskalien und andere literargeschichtliche Studien eine solche für die Poetik, die Sammlung von 158 wirklich bestehenden Staatsverfassungen bereitete die Politik vor, und auch in der Metaphysik (I) führt er zuerst die Lehren der früheren Denker auf, ehe er seine eigene Anschauung darlegt. Er sammelt die Ernte der bisherigen wissenschaftlichen und philosophischen Entwicklung in seine Scheunen, aber keineswegs in der Art äußerlicher Kompilation, sondern indem er selbst alles verarbeitet, durchdenkt und in sein eigenes Gedankensystem einreiht. Er selbst hat die Empfindung, am Abschluß einer großen Kulturperiode zu stehen (Fr. 53 bei Cic. Tusc. III 28, 69).

Auch Aristoteles ist Dualist. Stoff und Form, Gott und Welt, Leib und Geist, Möglichkeit und Wirklichkeit: das sind die Gegensatzpaare, die seine Philosophie beherrschen. Aber von einem selbständigen und im Grunde allein wirklichen Reich der Ideen weiß er nichts, lehnt vielmehr Platons Zentrallehre in scharfer Kritik (Met. 1, 6. Nik. Eth. 1, 4) ab. Der Gott des Aristoteles, der eigentlich nur der erste Beweger ist, gleicht ganz dem „Geist“ des Anaxagoras (S. 71 f.), und der unsterbliche Geist des Menschen, der „von außen hereinkommt“, ist ein völlig unorganischer Bestandteil seiner Philosophie, der nirgends bestimmend wirkt. Aus den Ideen sind den Stoff formende, aber ihm immanente Kräfte,

Entelechien, geworden, die nun freilich nicht rein mechanisch, sondern zweckmäßig wirken, und so wird die Teleologie der beherrschende Gesichtspunkt der aristotelischen Naturbetrachtung. Ein Rest platonischer Anschauung ist der Gedanke, daß der Stoff die Natur mitunter hindert, ihre Zwecke vollständig zu erreichen. Hier setzt dann die Theorie der Kunst ein, deren Aufgabe es ist, das in der Natur Unvollkommene zur idealen Vollendung zu führen. Die Nüchternheit der aristotelischen Philosophie kommt am stärksten in der Ethik zum Ausdruck, wo sich der Mangel eines positiven Ideals am meisten fühlbar macht; denn die Mitte zwischen den Extremen, die als Richtschnur des Handelns empfohlen wird, kann nicht als solches gelten. Dagegen berührt der Wirklichkeitssinn des Aristoteles gegenüber der platonischen Überspannung des Ideals wohltätig in der Politik, wobei es nur merkwürdig ist, daß der Erzieher des königlichen Welteroberers den Blick über den antiken Stadtstaat nicht hinausrichtet. Um so nachdrücklicher wird freilich die Notwendigkeit der in der menschlichen Vernunft als solcher begründeten staatlichen Ordnung betont und die Eigenart des Menschen im Vergleich mit dem Gott und dem Tier eben darin gefunden, daß er ein gemeinschaftbildendes Wesen (ζῷον πολιτικόν) sei (Pol. 1, 2). Aristoteles blieb in den meisten Wissenschaften nicht nur für seine Schule, die seine Grundlehren kaum mehr weiterbildete, sondern sich auf die Erklärung seiner Schriften und den Ausbau einzelner Wissensgebiete beschränkte, sondern auch für das ganze spätere Altertum die höchste wissenschaftliche Autorität, gegen deren geozentrisches Weltbild die richtige, an die Pythagoreer und Platon anknüpfende Ansicht (S. 139) nicht durchdrang. Vom 6. Jahrhundert an erkannte ihn auch die christliche Kirche mehr und mehr als wissenschaftlich maßgebend an und so wurde er, teilweise durch Vermittlung neuplatonischer Erklärer, der Vater der mittelalterlichen Scholastik. Ja, selbst in der Neuzeit hat derjenige Philosoph, der sich an Vielseitigkeit und Umfang des Wissens allein mit Aristoteles messen kann, Leibniz, seine eigene Philosophie nur als eine zeitgemäße Reform der aristotelischen bezeichnet.

Über die schriftstellerische Art und Kunst des Aristoteles können wir kaum urteilen, da der Zustand seiner Werke vielfach ein sehr fragwürdiger ist. Seine künstlerisch vollkommensten Leistungen, die populärwissenschaftlichen Dialoge (Über die Philosophie, die Gerechtigkeit, den Staatsmann u. a.), sind uns bis auf geringe Reste verloren und, was uns erhalten ist, scheint teils aus eigenen Entwürfen für den mündlichen Vortrag, teils aus Nachschriften von Schülern nach diesem zu bestehen. Seine schriftstellerische und philosophische Entwicklung ist jetzt auf Grund der Fragmente und einer eingehenden Analyse der erhaltenen Lehrschriften, besonders der Metaphysik, der Politik und der drei Ethiken, gezeichnet worden[1]). Sie zeigt einen von der Kritik des Platonismus ausgehenden, zu immer selbständigerem und wahrhaft schöpferischem Denken fortschreitenden Aufstieg. Am ehesten gibt wohl ein Bild seiner persönlichen Schreibweise die im Jahr 1891 in Ägypten wiedergefundene, nach 328 v. Chr. abgefaßte Schrift „Vom Staate der Athener", deren Hauptquelle eine um 400 v. Chr. verfaßte Parteischrift etwa von der politischen Richtung des Theramenes war.

Die systematischen Schriften des Aristoteles umfaßten nach der niedrigsten Angabe (Diog. L. 5, 22ff.) 146 Werke mit ungefähr 400 Büchern. Nach merkwürdigen Schicksalen erbeutete sie Sulla bei der Eroberung Athens (86 v. Chr.), brachte sie nach Rom und ließ sie hier durch den Peripatetiker Andronikos katalogisieren. Die wichtigsten unter ihnen sind folgende. Die logischen Schriften (Kategorien, Lehre vom Satz und Urteil, Syllogistik, Erkenntnistheorie, loci communes) wurden von den späteren Peripatetikern unter dem Namen Organon zusammengefaßt und an die Spitze der Werke gestellt. Die Metaphysik (12 B.), welche die Lehre von den Prinzipien (πρώτη φιλοσοφία) enthält, wurde so genannt, weil sie in der Anordnung hinter der Physik stand. Die Schrift Von der Seele (3 B.) enthält eine vollständige rationale und empirische Psychologie. Die Nikomachische Ethik (10 B.), so genannt, weil sie des Verfassers Sohn, Nikomachos, gewidmet ist, vertritt einen durchaus eudämonistischen Standpunkt und er-

---

[1]) W. Jäger, Aristoteles. Grundlegung einer Geschichte seiner Entwicklung. Berlin 1923. Die Ergebnisse dieses Buches sind zugrunde gelegt bei Wilhelm Nestle, Aristoteles, Hauptwerke (Kröners Taschenausgabe 129). Leipzig 1934. 3. Aufl. Stuttgart 1942.

klärt auch äußerliche Güter für unerläßlich zum Glück. Die Politik (8 B.) unterscheidet von den drei Hauptformen der Verfassungen drei Abarten und sieht die beste in einem aristokratisch regierten Freistaat. Aristoteles erkennt, daß es nicht ein absolutes Staatsideal gibt, sondern daß jede Staatsform geschichtlich bedingt ist. Zu den ästhetischen Schriften gehören die Rhetorik (3 B.) und die Poetik (2 B.), von der nur das erste Buch erhalten ist. Insbesondere die Lehre von Wesen und Wirkung der Tragödie, die Lessing aufs scharfsinnigste erklärt, hat die neuzeitliche Literatur und Ästhetik aufs stärkste beeinflußt. Unter den naturwissenschaftlichen Schriften steht voran die Physik (8 B.), die Hegel eine „Metaphysik der Physik" nannte, da nur die Grundbegriffe (Stoff, Kraft, Form, Bewegung usw.) darin erörtert werden. Die Schrift „Über den Himmel" (4 B.) stellte die später viel umstrittene Lehre von der Unvergänglichkeit des Weltalls auf, während die Meteorologie (4 B.) die atmosphärischen Erscheinungen zu erklären sucht. Von den zoologischen Schriften sind die Tiergeschichte (10 B.) und die Schrift „Über die Teile der Tiere" (4 B.) die bedeutendsten, welch letztere eine Art Physiologie und Philosophie der Tierkunde bietet, während die erstere beschreibender Art ist.

Unter den zahlreichen antiken Erklärern der aristotelischen Schriften nimmt die erste Stelle Alexander von Aphrodisias am Anfang des 3. Jahrhunderts n. Chr. ein. Die Verbindung des Aristotelismus mit dem Christentum begründete Johannes Philoponos von Alexandria, der im Jahr 529 erstmals das aristotelische System zur Verteidigung biblischer Lehren im Kampf gegen den Neuplatonismus verwertete.

Register

SAMMLUNG GÖSCHEN

Lieferbare und neue Bände

Jeder Band DM 2.40

A. Geisteswissenschaften

Nr. 19 **Altheim, F., Römische Geschichte. I. Teil: Bis zur** Schlacht bei Pydna. 1948. 123 S.

Nr. 30 **Kleffner, W., Kartenkunde.** 3. Aufl. 1950. 152 S.

Nr. 42 **Behn, F., Vorgeschichte Europas.** 7. Aufl. Mit 47 Abb. 1949. 125 S.

Nr. 59 **Krahe, H., Indogermanische Sprachwissenschaft.** 2. Aufl. 1948. 134 S.

Nr. 66 **Berneker, E., u. M. Vasmer, Russische Grammatik.** 6., unveränderte Aufl. 1947. 155 S.

Nr. 70 **Nestle, W., Geschichte der griechischen Literatur.** I. Von den Anfängen bis auf Alexander d. Gr. 2., verb. Aufl. Neudruck. 1950. 144 S.

Nr. 101 **Wiese, L. v., Soziologie.** Geschichte und Hauptprobleme. 4. Aufl. 1950. 148 S.

Nr. 125 **Vossler, K., Italienische Literaturgeschichte.** Unveränderter Nachdruck der 1927 erschienenen 4., durchges. und verbesserten Aufl. 1948. 148 S.

Nr. 200 **Gottschald, M., Rechtschreibungswörterbuch.** In Vorbereitung.

Nr. 238 **Krahe, H., Germanische Sprachwissenschaft. Bd. I.** 2. Aufl. 1948. 127 S.

Nr. 270 **Kirn, P., Einführung in die Geschichtswissenschaft.** 1947. 132 S.

Nr. 279 **Jacob, K., Quellenkunde der deutschen Geschichte im Mittelalter (bis zur Mitte des 15. Jahrh.).** I: Einleitung. Allgemeiner Teil. Die Zeit der Karolinger. 5. Aufl. 1949. 118 S.

Nr. 280 **——, II: Die Kaiserzeit (918—1250).** 4. Aufl. 1949. 127 S.

Nr. 500 **Simmel, G., Hauptprobleme der Philosophie.** 7., unveränderte Aufl. 1950. In Vorbereitung.

Nr. 557 **Nestle, W., Geschichte der griechischen Literatur.** II. Von Alexander d. Gr. bis zum Ausgang der Antike. 2. verbesserte Aufl. 1945. 128 S.

Nr. 564 **Behn, F., Kultur der Urzeit.** Bd. I. Steinzeit. 3. Aufl. In Vorbereitung.

Nr. 565 — —, Bd. II. Bronzezeit. 4. Aufl. In Vorbereitung.

Nr. 566 — —. Bd. III. Eisenzeit. 4. Aufl. In Vorbereitung.

Nr. 573 **Helbok, A., Die Ortsnamen im Deutschen.** Durchgesehener Neudruck. Mit 6 Karten. 1944. 126 S.

Nr. 677 **Altheim, F., Römische Geschichte.** II. Teil: **Bis** zur Begründung des Prinzipats. 1948. 141 S.

Nr. 770 **Beckh, H., Buddhismus** (Buddha und seine Lehre). II. Die Lehre. 3. Aufl. 1928. 135 S.

Nr. 780 **Krahe, H., Germanische Sprachwissenschaft.** Bd. II. 2. Aufl. 1948. 140 S.

Nr. 781 **Weigert, H., Stilkunde.** II. Spätmittelalter. Neuzeit. Neudruck. Mit 84 Abb. 1944. 141 S.

Nr. 807 **Kropp, G., Erkenntnistheorie.** I. Allgemeine Grundlegung. 1950. 143 S.

Nr. 929 **Schirmer, A., Deutsche Wortkunde.** 3. Aufl. 1949. 109 S.

Nr. 1000 **Jaspers, K., Die geistige Situation der Zeit** (1931). Zweiter unveränderter Abdruck der im Sommer 1932 bearbeiteten 5. Aufl. 1949. 232 S.

Nr. 1008 **Mellerowicz, K., Allgemeine Betriebswirtschaftslehre.** 1. Bd. 6., unveränderte Aufl. 1948. 134 S.

Nr. 1031 **Apel, M., Philosophisches Wörterbuch.** 3. Aufl. In Vorbereitung.

Nr. 1034 **Kranefeldt, W. M., Therapeutische Psychologie.** Analytische Psychologie (Freud, Adler, Jung). 2. Aufl. 1950. In Vorbereitung.

Nr. 1045 **Schubert, H., Die Technik des Klavierspiels.** 2. Aufl. 1946. 132 S.

Nr. 1065 **Haller, J., Von den Karolingern zu den Staufern.** Die altdeutsche Kaiserzeit (900—1250). Mit 4 Karten. 3. Aufl. 1944. 141 S.

Nr. 1085 **Lietzmann, H., Zeitrechnung der römischen Kaiserzeit, des Mittelalters und der Neuzeit für die Jahre 1—2000 n. Chr.** Neudruck. 1946. 127 S.

Nr. 1086 **Müller, G., Deutsches Dichten und Denken vom Mittelalter zur Neuzeit** (1270—1700). 2. Aufl. 1949. 159 S.

Nr. 1094 **Hernried, R., Systematische Modulation.** 2. Aufl. In Vorbereitung.

Nr. 1096 **Viëtor, K., Deutsches Dichten und Denken. Von der Aufklärung bis zum Realismus** (1700—1890). 2. Aufl. 1949. 156 S.

Nr. 1115 **Ranke, F., Altnordisches Elementarbuch.** Neudruck. 1949. 146 S.

Nr. 1116 **Meißner, P., Englische Literaturgeschichte. II.** Von der Renaissance bis zur Aufklärung. Durchgesehener Neudruck. 1944. 139 S.

Nr. 1117 **Haller, J., Der Eintritt der Germanen in die Geschichte.** Mit sechs Kartenskizzen. 2., verbess. Aufl. 1944. 119 S.

Nr. 1122 **Feist, H., Sprechen und Sprachpflege.** Mit 25 Abb. 1938. 107 S.

Nr. 1124 **Meißner, P., Englische Literaturgeschichte.** III. Romantik und Victorianismus. Durchgesehener Neudruck. 1944. 150 S.

Nr. 1125 **Lehnert, M., Altenglisches Elementarbuch.** 2., verbesserte und vermehrte Aufl. 1950. 176 S.

Nr. 1130 **Dibelius, M., Jesus.** 2. Aufl. Neudruck. 1949. 141 S.

Nr. 1135 **Lehnert, M., Beowulf.** 2., verbesserte Aufl. 1949. 135 S.

Nr. 1136 **Meißner, P., Englische Literaturgeschichte.** IV. Das 20. Jahrhundert. Durchgesehener Neudruck. 1944. 157 S.

Nr. 1148 **Pepping, E., Der Polyphone Satz. I. Der cantus-firmus Satz.** 2. Aufl. 1950 224 S.

Nr. 1149 **Wiesner, J., Vor- und Frühzeit der Mittelmeerländer.** I. Das östliche Mittelmeer. Mit einer Textabb. und 7 Tafeln. 1943. 177 S.

Nr. 1150 — —, II. Das westliche Mittelmeer. Mit 3 Textabb. und 7 Tafeln. 1943. 129 S.

Nr. 1153 **Mellerowicz, K., Allgemeine Betriebswirtschaftslehre.** 2. Bd. 6. unveränderte Aufl. 1948. 123 S.

Nr. 1154 — —, 3. Bd. 6. unveränderte Aufl. 1948. 153 S.

B. Naturwissenschaften und Technik

Nr. 3 **Ende, E. vom, Die Maschinenelemente.** 2., verbesserte Aufl. Mit 175 Fig. und 12 Tafeln. 1950. In Vorbereitung.

Nr. 29 **Brauns, R., u. K. F. Chudoba, Mineralogie.** 8., neubearbeitete Aufl. Mit 125 Textfiguren und 9 Abb. auf einer Tafel. 1943. 143 S.

Nr. 37 **Klemm, W., Anorganische Chemie.** 6. Aufl. Mit 18 Abb. 1944. 184 S.

Nr. 38 **Schlenk, W., Organische Chemie.** 5. Aufl. Mit 17 Fig. 1949. 239 S.

Nr. 47 **Fischer, P. B., Arithmetik.** 2. Aufl. 1948. 152 S.

Nr. 51 **Ringleb, F., Mathematische Formelsammlung.** 5., verbesserte Aufl. Mit 57 Fig. 1949. 274 S.

Nr. 71 **Schulze, W., Allgemeine und physikalische Chemie.** I. Teil. 3., durchgesehene Aufl. Mit 22 Fig. 1949. 146 S.

Nr. 87 **Witting, A., Differentialrechnung.** 3., neubearb. Aufl. Mit 95 Fig. und 200 Beispielen. Durchgesehener Neudruck. 1949. 201 S.

Nr. 88 —, **Integralrechnung.** 2., verbesserte Aufl. Durchgesehener Neudruck. Mit 62 Fig. und 190 Beispielen. 1949. 176 S.

Nr. 136 **Mahler, G., Physikalische Formelsammlung.** 8., verbess. Aufl. 1950. 153 S. In Vorbereitung.

Nr. 142 **Haussner, R., Darstellende Geometrie.** 1. Teil: Elemente, Ebenflächige Gebilde. 6., unveränderte Aufl. Mit 110 Fig. im Text. 1947. 207 S.

Nr. 143 — —, 2. Teil: Perspektive ebener Gebilde, Kegelschnitte. 5,. unveränderte Aufl. Mit 88 Fig. im Text. 1947. 168 S.

Nr. 146 **Witting, A., Repetitorium und Aufgabensammlung zur Differentialrechnung.** 2. Aufl. Neudruck. 1949. 122 S.

Nr. 147 —, **Repetitorium und Aufgabensammlung zur Integralrechnung.** 2. Aufl. Neudruck. 1949. 121 S.

Nr. 173 **Bruhns, W., u. P. Ramdohr, Petrographie.** 3., durchgesehene Aufl. Mit 10 Figuren. 1949. 117 S.

Nr. 180 **Böhm, F., Versicherungsmathematik.** I. Elemente der Versicherungsrechnung. 2., vermehrte und verbesserte Aufl. Durchgesehener Neudruck. 1946. 151 S.

Nr. 210 **Bruhns, W., u. P. Ramdohr, Kristallographie.** 4. Aufl. In Vorbereitung.

Nr. 221 **Jander, G., u. K. F. Jahr, Maßanalyse.** Theorie und Praxis der klassischen und der elektrochemischen Titrierverfahren. Bd. I. 5. Aufl. Mit 18 Fig. 1948. 140 S.

Nr. 222 **Hassak-Beutel, Warenkunde.** 7. Aufl. Neubearb. von A. Kutzelnigg. Bd. I: Anorganische Waren sowie Kohle und Erdöl. Mit 19 Fig. 1947. 116 S.

Nr. 223 — —, Bd. II: Organische Waren. Mit 32 Fig. 1949. 143 S.

Nr. 247 **Hoppe, J., Analytische Chemie I.** Reaktionen. 5., verb. Aufl. 1950. 135 S.

Nr. 248 — —, II. Gang der qualitativen Analyse. 5., verbess. Aufl. 1950. 168 S.

Nr. 252 **Daßler, A., Elektrochemie I.** Mit 21 Abb. 1950. In Vorbereitung.

Nr. 253 — —, II. Mit 17 Abb. 1950. In Vorbereitung.

Nr. 256 **Haussner, R., Sammlung von Aufgaben und Beispielen zur analytischen Geometrie der Ebene.** Mit 22 Fig. Neudruck. 1949. 139 S.

Nr. 257 **Humburg, K., Die Gleichstrommaschine I.** Durchgesehener Neudruck. Mit 59 Abb. 1949. 102 S.

Nr. 342 **Körting, J., u. W. Körting, Heizung und Lüftung.** I. Das Wesen u. die Berechnung der Heizungs- u. Lüftungsanlagen. 8., verbess. Aufl. Mit 29 Abb. u. 14 Zahlentafeln. 1950. In Vorbereitung.

Nr. 343 — —, II. Die Ausführung der Heizungs- u. Lüftungsanlagen. 7. neubearb. Aufl. Mit 141 Abb. u. 8 Zahlentafeln. 1944. 126 S.

Nr. 354 **Valentiner, S., Vektoranalysis.** 7., wesentl. veränderte Aufl. Mit 19 Fig. 1950. In Vorbereitung.

Nr. 389 **Diels, L., Pflanzengeographie.** 4., verb. Aufl. Mit 1 Karte. 1945. 167 S.

Nr. 405 **Werkmeister, P., Praktisches Zahlenrechnen.** 4. Aufl. Mit 60 Fig. 1950. 136 S. In Vorbereitung.

Nr. 423 **Adler, A., Fünfstellige Logarithmen.** Mit mehreren graphischen Rechentafeln und häufig vorkommenden Zahlwerten. 2. Aufl. Neudruck. 1 Tafel. 1949. 127 S.

Nr. 432 **Borchers, H., Metallkunde.** I. Aufbau der Metalle und Legierungen. Mit 2 Tab. und 90 Abb. 2. Aufl. 1950. 110 S.

Nr. 445 **Asmus, E., Physikalisch-Chemische Rechenaufgaben.** 2. Aufl. 1949. 96 S.

Nr. 468 **Werkmeister, P., Vermessungskunde.** I. Stückmessung u. Nivellieren. 9. Aufl. Mit 145 Figuren. 1949. 172 S.

Nr. 469 — —, II. Messung von Horizontalwinkeln. Festlegung von Punkten im Koordinatensystem. Absteckungen. 7. Aufl. Mit 63 Fig. 1949. 151 S.

Nr. 483 **Henglein, M., Lötrohrprobierkunde.** Mineraldiagnose mit Lötrohr und Tüpfelreaktion. 3., verb. Aufl. Mit 11 Fig. 1949. 91 S.

Nr. 585 **Dehnert, H., Verkehrswasserbau I:** Entwurfsgrundlagen. Flu' regelungen. Mit 52 Textabb. 1950. 102 S.

Nr. 589 **Tochtermann, W., Das Maschinenzeichnen** mit **Einführung in das Konstruieren.** I: Das Maschinenzeichnen. 4. Aufl. Mit 77 Tafeln. 1950. 156 S. In Vorbereitung.

Nr. 590 — —, II: Ausgeführte Konstruktionsbeispiele. 4. Aufl. Mit 58 Tafeln. 1950. 130 S. In Vorbereitung.

Nr. 597 **Dehnert, H., Verkehrswasserbau II:** Flußkanalisierungen u. Schiffahrtskanäle. Mit 60 Textabb. 1950. 92 S.

Nr. 668 **Knopp, K., Funktionentheorie** I: Grundlagen der allgemeinen Theorie der analytischen Funktionen. Mit 8 Fig. 7. Aufl. 1949. 139 S.

Nr. 691 **Fauser, O., Kulturtechnische Bodenverbesserungen.** I.: Allgemeines, Entwässerung. 4., neubearbeitete Aufl. 1947. 122 S.

Nr. 692 — —, II.: Bewässerung, Ödlandkultur, Umlegung. 4., neubearb. Aufl. 1948. 150 S.

Nr. 698 **Schulze, W., Allgemeine und physikalische Chemie.** II. Teil. 3., durchges. Aufl. Mit 36 Fig. 1949. 160 S.

Nr. 703 **Knopp, K., Funktionentheorie II.** Anwendungen und Weiterführung der allgemeinen Theorie. Mit 7 Fig. 7. Aufl. 1949. 130 S.

Nr. 711 **Kesselring, F., Theoretische Grundlagen zur Berechnung der Schaltgeräte.** 3. Aufl. Mit 92 Abb. 1950. 143 S. In Vorbereitung.

Nr. 718 **Neger, W. u. E. Münch, Die Laubhölzer.** 3., durchges. Aufl., herausgegeben von B. Huber. Mit 63 Fig. u. 7 Tab. 1950. 142 S. In Vorbereitung.

Nr. 768 **Bieberbach, L., Einführung in die konforme Abbildung.** 4. Aufl. Mit 42 Zeichnungen. 1949. 147 S.

Nr. 837 **Baumgartner, L., Gruppentheorie.** 2. Aufl. Mit 6 Fig. 1949. 115 S.

Nr. 862 **Werkmeister, P., Vermessungskunde.** III. Trigonometrische und barometrische Höhenmessung. Tachymetrie und Topographie. 6. Aufl. Mit 64 Fig. 1949. 147 S.

Nr. 877 **Knopp, K., Aufgabensammlung zur Funktionentheorie.** I. Aufgaben zur elementaren Funktionentheorie. 4. Aufl. 1949. 135 S.

Nr. 878 — —, II. Aufgaben zur höheren Funktionentheorie. 4. Aufl. 1949. 151 S.

Nr. 881 **Humburg, K., Die Gleichstrommaschine II.** Mit 38 Abb. Durchgesehener Neudruck. 1949. 98 S.

Nr. 931 **Hasse, H., Höhere Algebra I.** Lineare Gleichungen. 3. Aufl. 1950. 160 S. In Vorbereitung.

Nr. 932 — —, II. Gleichungen höheren Grades. 3. Aufl. Mit 5 Fig. 1950. 158 S. In Vorbereitung.

Nr. 952 **Schäfer, W., Transformatoren.** 2. Aufl. Mit 74 Abb. 1949. 128 S.

Nr. 972 **Herter, K., Vergleichende Physiologie der Tiere I:** Stoff- und Energiewechsel. 3. Aufl. Mit 64 Abb. 1950. 155 S.

Nr. 973 — —, II.: Bewegung und Reizerscheinungen. 3. Aufl. Mit 110 Abb. 1950. 148 S.

Nr. 984 **Graf, O., Die wichtigsten Baustoffe des Hoch- u. Tiefbaues.** 3., verb. Aufl. Mit 58 Abb. 1947. 126 S.

Nr. 999 **Kamke, E., Mengenlehre.** 2., durchges. Aufl. Mit 6 Fig. 1947. 160 S.

Nr. 1002 **Jander, G., und K. F. Jahr, Maßanalyse.** Theorie und Praxis der klassischen und der elektrochemischen Titrierverfahren. Band 2. 5. Aufl. Mit 24 Fig. 1948. 139 S.

Nr. 1057 **Roth, W. A., Thermochemie.** 2., verbess. Aufl. 1947. 109 S.

Nr. 1070 **Sauter, F., Differentialgleichungen der Physik.** 2. Aufl. Mit 16 Fig. 1950. 148 S.

Nr. 1082 **Hasse, H., Aufgabensammlung zur höheren Algebra.** 2. Aufl. 1950. In Vorbereitung.

Nr. 1084 **Nußelt, W., Technische Thermodynamik.** I.: Grundlagen. 3., verbess. Aufl. Mit 71 Abb. 1950. 144 S. In Vorbereitung.

Nr. 1092 **Wickop, W., Fenster, Türen, Tore aus Holz und Eisen.** 3., überarbeitete und ergänzte Aufl. Mit 96 Abb. 1949. 154 S.

Nr. 1109 **Knopp, K., Elemente der Funktionentheorie.** 3. Aufl. Mit 23 Fig. 1949. 144 S.

Nr. 1110 **Schulz, G., Formelsammlung zur praktischen Mathematik.** Durchgesehener Neudruck. Mit 10 Abb. 1945. 147 S.

Nr. 1127 **Hartmann, M., Geschlecht und Geschlechtsbestimmung im Tier- und Pflanzenreich.** 2. Aufl. Mit 62 Abb. 1950. In Vorbereitung.

Nr. 1128 **Buchner, P., Symbiose der Tiere mit pflanzlichen Mikroorganismen.** 2., verb. u. vermehrte Aufl. Mit 121 Abb. 1949. 130 S.

Nr. 1131 **Scholz, A., Einführung in die Zahlentheorie.** Neudruck. 1945. 136 S.

Nr. 1132 **Frühauf, G., Überspannungen und Überspannungsschutz.** Neudruck. Mit 98 Abb. 1950. 122 S.

Nr. 1134 **Kuckuck, H., Pflanzenzüchtung.** 2., durchges. Aufl. Mit 12 Abb. 1944. 125 S.

Nr. 1137 **Heil, H., Entwicklungsgeschichte des Pflanzenreiches.** 2. Aufl. Mit 94 Abb. 1950. In Vorbereitung.

Nr. 1138 **Hämmerling, J., Fortpflanzung im Tier- und Pflanzenreich.** 2., ergänzte Aufl. Mit 101 Abb. 1950. 135 S. In Vorbereitung.

Nr. 1141 **Koller, G., Hormone.** 2. Aufl. Mit 60 Abb. u. 19 Tab. 1949. 187 S.

Nr. 1146 **Humburg, K., Die synchrone Maschine.** Mit 79 Bildern. 1949. 109 S.

Nr. 1151 **Nußelt, W., Technische Thermodynamik.** II.: Theorie der Wärmekraftmaschinen. Neudruck. Mit 87 Abb. u. 32 Zahlentafeln. 1950. 144 S. In Vorbereitung.

Nr. 1152 **Dehnert, H., Verkehrswasserbau III:** Schleusen und Hebewerke. Mit 70 Textabb. 1950. 98 S.

Nr. 1155 **Schwartz, W., Grundriß der allgemeinen Mikrobiologie.** Band I. Mit 17 Abb. 1949. 104 S.

Nr. 1156 **Meinke, H.-H., Die komplexe Berechnung von Wechselstromschaltungen.** Mit 114 Abb. 1949. 160 S.

Nr. 1157 **Schwartz, W., Grundriß der allgemeinen Mikrobiologie.** Band II. Mit 12 Abb. 1949. 93 S.

Walter de Gruyter & Co., Berlin W 35

(386) MDV, Druckerei Luckenwalde 121. 120 000. 3. 50.

FSC
www.fsc.org
MIX
Papier | Fördert gute Waldnutzung
FSC® C083411

Kolibri 360 GmbH
Ferdinand-Jühlke-Straße 7
99095 Erfurt, Deutschland
produktsicherheit@kolibri360.de